第54批中国博士后科学基金面上资助项目（2013M540992）
辽宁省教育厅科学研究一般项目（W2013222）
东北财经大学优秀科研创新人才项目（DUFE2015R09）

当代语言学丛书

WAN QING SHOU BU GUO REN YI JIE DE
SHE HUI ZHU YI ZHU ZUO DE FAN YI SHI KAO CHA

晚清首部国人译介的社会主义著作的翻译史考察

鲜 明 著

中央编译出版社
Central Compilation & Translation Press

图书在版编目（CIP）数据

晚清首部国人译介的社会主义著作的翻译史考察/鲜明著．—北京：中央编译出版社，2016.3
ISBN 978-7-5117-2914-9

Ⅰ.①晚… Ⅱ.①鲜… Ⅲ.①社会主义－政治思想史－著作－翻译－研究－中国－清代 Ⅳ.①D091.6 ②H059-092

中国版本图书馆CIP数据核字（2015）第317898号

晚清首部国人译介的社会主义著作的翻译史考察

| 出 版 人：刘明清
| 出版统筹：董　巍
| 责任编辑：曲建文
| 责任印制：尹　珺
| 出版发行：中央编译出版社
| 地　　址：北京西城区车公庄大街乙5号鸿儒大厦B座（100044）
| 电　　话：（010）52612345（总编室）　　（010）52612341（编辑室）
| 　　　　　（010）52612316（发行部）　　（010）52612317（网络销售）
| 　　　　　（010）52612346（馆配部）　　（010）55626985（读者服务部）
| 传　　真：（010）66515838
| 经　　销：全国新华书店
| 印　　刷：北京天正元印务有限公司
| 开　　本：710毫米×1000毫米　1/16
| 字　　数：135千字
| 印　　张：8.25
| 版　　次：2016年3月第1版第1次印刷
| 定　　价：28.00元

网　　址：www.cctphome.com　　邮　　箱：cctp@cctphome.com
新浪微博：@中央编译出版社　　　微　　信：中央编译出版社(ID: cctphome)
淘宝店铺：中央编译出版社直销店(http://shop108367160.taobao.com)　　（010）52612349

本社常年法律顾问：北京嘉润律师事务所律师　李敬伟　问小牛
凡有印装质量问题，本社负责调换，电话：（010）66509618

目 录

第一章 绪论 … 1
第一节 研究的意义 … 2
第二节 研究历史和现状略述 … 3
一、马克思主义传播史角度的研究 … 3
二、晚清翻译史角度的研究 … 6
三、词汇交流史角度的研究 … 8
第三节 翻译史研究方法综述 … 10
一、翻译文化史的研究方法 … 10
二、把内部史和外部史相结合的方法 … 14
第四节 研究内容简介 … 16

第二章 晚清时期中国翻译史简述 … 19
第一节 晚清以前佛经翻译对汉语的影响 … 19
第二节 西学翻译对汉语词汇的影响 … 20
第三节 晚清时期的翻译机构和翻译家 … 23
一、翻译机构 … 23
二、翻译家 … 25
第四节 晚清时期社会科学著作的翻译 … 31

第三章 晚清学者对日译马克思主义经典著作的译介 … 34
第一节 近代日本对西方社会主义文献的翻译摄取 … 34
第二节 晚清中国人对日语的学习 … 37
一、晚清赴日留学生及中日两地开办的东文学堂 … 37
二、晚清中国人日语学习动机 … 38
第三节 晚清马克思主义学说译介的萌芽 … 41
第四节 晚清学者从日本译介的社会主义主要经典著作 … 44

第四章 《近世社会主义》的译介与接受 ······ 47
第一节 社会主义学说在中国的初步宣传 ······ 47
第二节 赵必振对《近世社会主义》的译介与接受 ······ 50
一、背景 ······ 50
二、译者 ······ 52
三、内容 ······ 53
第三节 译作对中国近代社会转型的影响 ······ 57
一、翻译为资产阶级知识分子提供了思想营养 ······ 58
二、翻译为资产阶级革命提供了理论借鉴 ······ 59

第五章 《近世社会主义》中术语的译介 ······ 61
第一节 马克思主义及相关术语的译介 ······ 62
第二节 《近世社会主义》译介的术语个案考察 ······ 63
一、"价格"、"交换价格"、"使用价格"和"余剩价格" ······ 64
二、社会主义 ······ 66
三、无政府主义 ······ 69
四、基督教的社会主义 ······ 72
第三节 术语译介的影响 ······ 73

第六章 《近世社会主义》的翻译策略与实例分析 ······ 76
第一节 翻译策略 ······ 76
一、直译 ······ 77
二、解释性翻译 ······ 80
三、补译 ······ 82
四、变译 ······ 83
第二节 译作的语言 ······ 84
一、翻译语言从文言向白话过渡 ······ 84
二、句法结构变得精密 ······ 86

第七章 结论与启示 ······ 89
第一节 结论 ······ 89
第二节 翻译的意义 ······ 90

  第三节 翻译文化史的启示 …………………………………… 91

参考文献 ……………………………………………………………… 93

附录 …………………………………………………………………… 101
  附录1 《近世社会主义》的部分文本内容 …………………… 101
  附录2 《共产党宣言》对各种社会主义流派的批判 ………… 117
  附录3 《近世社会主义》中关于社会主义学说的翻译文本 … 119
  附录4 《近世社会主义》译介马克思主义学说的相关文本对照 …… 120

后 记 ……………………………………………………………… 123

第一章 绪 论

本章在陈述选题的学术价值和现实意义的基础上,从马克思主义传播史、晚清翻译史和词汇交流史方面综述了相关文献和前人的研究成果。研究方法主要包括翻译文化史的研究方法和把内部史和外部史相结合的研究方法。本章内容还包括具体的研究思路、研究的创新之处和章节内容结构安排。

一个国家的翻译事业是否昌盛往往与该国的经济、文化及对外交流息息相关。近代的有识之士把翻译同国家和民族的命运密切联系在一起。晚清时期是中国人大规模地通过日本学习西方的自然科学知识并引进先进的社会科学思想的重要时期。翻译为推进中国近代化进程以及中国革命的胜利做出了不可磨灭的贡献。这是中国近代翻译活动的重要标志,也是区别于其他任何历史时期翻译活动的重要标志。[①] 20世纪初期,大批中国青年赴日留学,把近代中日文化交流推向新的高潮。成千上万的中国青年学生深入到日本民间,通过求学、结社、集会、翻译出版书刊等各种方式,开展中日文化交流活动,学习日本的政治、经济、思想、文化、科技,对中国社会的发展进步产生了重大影响。

当时的日语学习热和留学日本热带来了日译西书的高潮。中国人通过大量翻译经典日译西书为当时的中国带来了西方新学。赵必振翻译的《近世社会主义》译本正式面世的时间是1903年,是最早对《资本论》进行简要介绍的著作,是中国系统介绍社会主义学说的第一部译作。该书是对社会主义理论与实践的专门化和体系化的介绍。

本书从经典文本翻译的视角对汉译本《近世社会主义》做原创性的个案分析,考察为何在晚清产生《近世社会主义》这部译著,它带来了哪些社会主义学说以及产生的影响。通过比较日译本与汉译本,考察晚清国人对马克思主义术语和经典思想的译介过程和马克思主义在中国的传播。在此基础上,本书试图深入分析《近世社会主义》早期传播中翻译主体的翻译策略和成因,

---

① 冯志杰:《中国近代翻译史(晚清卷)》,九州出版社2011年版,序言第3页。

晚清首部国人译介的社会主义著作的翻译史考察

探讨其内容选择和意义建构的历史语境,重新审视这一重要思想文献的翻译传播过程及翻译在其中的作用和意义。

第一节 研究的意义

《近世社会主义》的传播内容主要是马克思主义。在早期中国的马克思主义传播中,社会主义和马克思主义在名称上是不加区分的。晚清的社会主义的含义不仅包括马克思主义,还包括国家社会主义、社会民主主义、基督教社会主义以及无政府主义,等等。所以这里的传播也包括社会主义。① 本书试图提供一个晚清国人译介马克思主义经典理论著作从西欧到日本再到中国的路线图。1903 年出版的《近世社会主义》是中国人最早接触的马克思主义著作之一,其翻译版本被多次出版。研究系统梳理该书的早期翻译情况,着重考察翻译选择及其原因,以及为什么选择翻译这些内容。《近世社会主义》的早期翻译不仅是马克思主义在中国翻译传播的开始及翻译模式的缩影,该译作也为探究翻译在思想文化传播中的意义和地位提供了典型案例。

本研究具有重要的学术价值和现实意义。研究汉译本《近世社会主义》有助于我们弄清中国人译介马克思主义经典文献的最初历程,对中国人的经典文献译介史是一个有益的补充。通过研究马克思主义经典著作翻译史,我们可以看出马克思主义是如何一步一步中国化、大众化、群众化和民间化的,这将会为我们今天推进马克思主义中国化、时代化和大众化提供有益的历史借鉴。

"社会主义在中国今天已经取得如此伟大的胜利,人们在关注它的胜利发展的同时,自然希望回头来考察一下它在最初是怎样被介绍到中国来的、中国人对它的最初反应又是什么,以便更好地了解事情发展的整个来龙去脉。"②

---

① 王刚:《马克思主义中国化的起源语境研究——20 世纪 30 年代前马克思主义在中国的传播及中国化》,人民出版社 2011 年版,第 16 页。
② [美]伯纳尔:《一九〇七年以前的社会主义》,丘权政、符致兴译,福建人民出版社 1985 年版,序言第 1 页。

在近年来的马克思主义哲学中国化研究中,人们开始将探索的目光投向马克思主义哲学中国化的一个重要的历史和理论背景,即一百多年来的西学东渐史,并对西学东渐与马克思主义哲学中国化的关系做了一些讨论。应该说,这些探讨大大拓展了马克思主义哲学中国化的研究视野,能够深化我们对马克思主义哲学中国化的理解。[①]

通过研究经典著作译介史,我们可以察觉译者的政治意图、翻译主旨和学术风格,体会他们是如何追求马克思主义和信仰马克思主义的,为今天的马克思主义译介者提供启示,我们需要继承和弘扬他们的优良传统。从翻译学的视角考量,译者留下哪些宝贵的翻译经验,比如文本选择、翻译理念、所用术语、表述技巧等,其中的得与失、成功与不足,为我们当下乃至以后的翻译提供有益的历史借鉴。

通过研究译介的术语,我们可以弄清译名在现代马克思主义话语体系中的受容和确立过程、新的译名与旧有名词之间的冲突、早期译者在译名的统一和规范化方面的努力。这部分研究旨在阐明译名在现代汉语体系中的受容与确立过程、早期学者在译名统一与规范化方面做出的努力。

通过思想史研究,我们可以考察历史是如何沉淀于特定概念,并在概念中得到表述和阐释的。将马克思主义、语言学和历史学等学科的研究方法运用起来,将上述学科相关的有机内容结合起来并做深入细致的论证,最终力争实现能为上述学科提供一些有用的研究视角、思路和观点。

第二节 研究历史和现状略述

一、马克思主义传播史角度的研究

学界对马克思主义中国化的历史进程研究较多,对马克思主义中国化的起源进行考察的较少。国内此类研究主要是纲要式地、线性式地介绍中国人引进马克思主义经典著作的过程和读本。学界对《近世社会主义》译本的关注较多从早期翻译传播的史实进行概述,欠缺对早期翻译文本细节的研究。

在研究思路与旨趣方面,彭继红的专著《传播与选择:马克思主义中国

---

① 汪信砚:《西学东渐与马克思主义哲学中国化》,《新华文摘》2012年第21期。

 晚清首部国人译介的社会主义著作的翻译史考察

化的历程》探讨了 1899 年至 1921 年之间马克思主义传入中国的可能性、多种路径传入中国的马克思主义的差异性、早期马克思主义与非马克思主义的理论较量及对马克思主义中国化的影响等。钟家栋、王世根主编的《20 世纪:马克思主义在中国》以新颖的构思和翔实的史料,对 20 世纪以来马克思主义在中国传播、结合的历程,着重围绕"结合",把史实和理性分析统一起来进行研究,做出了可贵探索。

在视角与方法方面,学界较多从传播史的视角对早期马克思主义在中国的传播进行研究,如唐宝林的专著《马克思主义在中国 100 年》论述了马克思主义自清末进入中国近百年来走过的不平凡的历程,主要论述了马克思主义在中国的两个曲折和两个辉煌的历史阶段。何萍和李维武撰写的《马克思主义中国化探讨》结合世界历史的形成和中国近现代的思想运动探讨了马克思主义中国化的思想源头、基本问题和文化环境。

冯志杰在《中国近代翻译史(晚清卷)》中指出:从马克思主义在中国传播的整个历史实践来看,经过了三条途径和两种方式。两种方式分别是间接译介和直接翻译原著。前者包括翻译介绍和阐释马克思主义学说的著作和参考有关著作撰写相关著述,后者是翻译马克思主义经典作家的原作。在晚清,马克思主义的传播活动处于萌芽状态,从方式上看主要是间接译介。从渠道上看主要是经过日本这一渠道。直接翻译马克思主义经典作家原著是从五四运动以后才开始的。

译者是否传播马克思主义最根本的判别标志是:一是被翻译的著作是马克思主义性质的,包括马克思主义经典作家的原著和宣传马克思主义的著作;二是译者翻译目的是否具有传播马克思主义的主体意识。

学界对晚清马克思主义译介的评价有褒有贬。

积极的评价有李百玲:

> "从 19 世纪末期马克思主义传入中国开始,翻译是马克思主义进入中国的必要条件和初始环节,对马克思主义在中国的传播起到了重要作用。从马克思主义译入中国的特征和传播过程来看,翻译赋予马克思主义以中国的特性,推动了马克思主义中国化进程,为马克思主义本土化奠定了基础。"[①]

---

① 李百玲:《从翻译看马克思主义在中国的早期传播》,《上海翻译》2009 年第 1 期。

第一章 绪 论

消极的评价有冯志杰，他在《中国近代翻译史（晚清卷）》中总结了晚清翻译马克思主义著作的特点如下：

一是翻译主体的多元性，包括改良派、资产阶级革命派、无政府主义者以及西方传教士等；二是翻译目的的复杂性，各类翻译主体怀着不同的目的译介马克思主义，因而不仅译介不全面，甚至有断章取义之嫌；三是翻译文本的零碎性，很多不是完整地翻译马克思主义经典作家的原著，往往是节译、摘译、转译，内容十分零碎，缺乏系统、完整的翻译文本；四是传播效果的局限性，马克思主义本是面向劳苦大众的，但晚清对马克思主义的译介的受众依然是知识分子，因而传播效果十分有限，没有将马克思主义变为广大劳动人民斗争的思想武器。

晚清对马克思主义的译介仅仅是处于萌芽阶段，呈一种"碎片"和朦胧状态，译介者既没有对马克思主义经典著作进行深入研究和系统翻译，更没有掌握马克思主义的真正内涵，他们对马克思主义的理解还带有极大的片面性和局限性，甚至对马克思主义有曲解。从译介传播效果来看，尽管起到启蒙作用，但未形成较大影响。

欧阳跃峰也认为这一阶段社会主义理论的输入是直观的、粗浅的。社会主义学说的传播，从形式上说，是摄像式的、限于表层的；从内容上说，是未加诠释的、真伪混杂的。

20世纪初年，中国留日学生翻译日本人撰写的有关社会主义著作，在很大程度上是出于一种猎奇的心态。他们还没有来得及消化和理解这些书中介绍的科学社会主义理论的基本原理，甚至没有来得及将社会主义学说与其他的西方社会政治学说进行简单的比较，没有来得及对各种社会主义流派进行初步的鉴别。他们并不确切地知道科学社会主义理论的科学性具体何在，对于国际共产主义运动有什么样的指导意义；也从未想过科学社会主义理论对中国社会的发展与进步会产生什么样的影响，与将要发生的中国革命之间具有什么关系。他们的目的只是力求准确地按照日文原意把这些有关社会主义的著作翻译成中文，使具有一定文化知识的中国人在读了这些书之后，能够知道世界上还有社会主义这么一篇大道理。至于日本学者介绍的是否是正宗的科学社会主义理论，对马克思主义的理解是否有失误和偏差，他们既没有能力进行辨别，也无从加以评说。他们根本就没有弄清西方国家到底出现过哪些社会主义流派，各种社会主义流派之间具有什么样的渊源关系，以及它们的本质区别是什么。甚至限于他们的日文水平以及对科学社会主义理论的理解能力,翻译中的错误也屡见不鲜。①

二、晚清翻译史角度的研究

中国近现代的翻译活动始终与社会各个方面紧密相连,但译史研究者多把目光放在文学等学术领域,有很大的局限。事实上,其他领域有着丰富的翻译事件,有待我们去发现。不仅可以使更多的重要翻译现象浮出水面,从而得出新结论,也能以此使译史研究走向立体,还原译史应有的完整面貌。②

潘喜颜在其博士论文中总结了清末历史译著的情况,指出:

清末史传译著具有与古代史传不同的特点。清末留日学生取代传教士成为翻译的主力,他们共翻译了至少234种历史著作,占全部历史译著的51%,因此可以称为"留日学生主译时期"。清末历史译著的主要出版机构为民办出版社,其中出版数量最多的是上海广智书局、上海商务印书馆等。其中绝大部分历史译著是在1901—1904年之间出版的,其中又以1902—1903年为主,而1903年是史书译介的鼎盛时期。从1904年开始,历史译著逐渐减少。

1900年以前与20世纪初的历史译著在译本来源、译者、译书目的和出版等方面大为不同:前者大部分取自西文,后者大部分取自日语;前者译书的主体是教会和朝廷,后者是士大夫、学生;前者译书的目的是为了宣传西方文明,后者译书的目的是为输入文化挽救危亡;前者的出版机构为教会机构、官书局,后者出版机构为民营机构。

董说平在其博士论文《晚清时期日文史书在中国的翻译与传播》中归纳了日译西书大量在晚清时期译介到中国的原因。

晚清时期日译西书的汉译是近代中日文献交流的重要组成部分,也是近代中日文化交流的具体表现形式之一。原因在于:第一,资产阶级进行启蒙宣传的需要;第二,日本学说中包括比较全面的西方思想;第三,新学堂需要大量新式教科书;第四,大批留日学生的出现。

---

① 欧阳跃峰:《社会主义学说在中国的早期传播》,《广州社会主义学院学报》2004年第1期。
② 王建开:《翻译史研究的史料拓展:意义与方法》,《上海翻译》2007年第2期。

涂兵兰在论文《清末翻译语言的伦理抉择》中对晚清翻译的伦理以及译者与读者的关系做了比较系统全面的梳理和研究。研究认为：清末是中国历史上的社会转型期，也是重要的翻译时期。这一时期的翻译带有很强的目的性，译者为实现政治价值、经济价值、道德价值以及对社会个体的价值进行翻译。

综观整个清末译坛，清末译者一般从以下几个方面思考并确立翻译活动的目的：政治价值——西学翻译有助于改良群治，挽救危机中的国家；经济价值——西学翻译有助于社会经济的发展并给自身带来相应的经济利益；道德价值——西学翻译有助于发扬社会普遍认可的道德价值或者重新确立一种新的道德体系；对社会个体的价值——西学使社会个体获得新知识、满足健康的感官享受和精神享受。这些目的和价值并不一定同时存在于每一次翻译活动中，甚至有时会有很大的冲突。

涂兵兰在《清末译者与读者关系考察》中还指出：在清末，读者和译者的关系也呈现出不同于以前时期的特点。

在清末社会伦理关系、政治经济状况发生重大变化的语境下，其译读关系呈现复杂性和过渡性特征，具体表现为师生关系、商客关系以及朋友关系。

在任何一种关系中，译者都应该注意读者是译本生存的关键因素。清末译者进行翻译大体上出于两种目的：出于营利的需要以及出于救国的需要。在清末初期，翻译的大量盛行与清末的政局是密切相关的，它的发展变化在某种意义上可以说是政治局势的附属品。它是进行政治改革的工具，是达到改良目的的手段。清末接连几次战败更强化了译者的这种意识，因而在这段时期以"救国"为目的的翻译占主导地位，而以追逐利润为目的的翻译直到民国初年才越来越强势。[①]

此外，晚清翻译的赞助问题也是研究晚清翻译史的一个视角。

赞助者对晚清翻译的影响包括：影响翻译文本的选择，影响翻译策略的选择，影响翻译作品的出版和读者的接受。晚清时期官方赞助和民间赞助共存，在我国的翻译史上比较少见。然而正是这种多元赞助构成，造成了晚清翻译的繁荣和具有开拓意义的翻译成绩。[②]

---

① 涂兵兰：《清末译者与读者关系考察》，《外语学刊》2013年第2期。
② 王湛：《晚清翻译的赞助问题》，《安阳师范学院学报》2008年第1期。

赞助通常包括三个基本要素：意识形态要素、经济要素和地位要素，它们通常以不同的形式组合并相互作用。意识形态要素对文本形式及内容的选择和发展进行约束。这里的意识形态不涉及政治领域的意识形态，而是指规定我们行为的方式、习俗以及信仰。经济要素是指赞助人予以作者或改写者一定的津贴或职位，使他们得以生存。同时赞助人也会对作品的销售付版税，或者请专业人士当老师或评论员。最后还有地位要素。作品只有为赞助人所接受，才有可能融合到某个支持的读者群及其生活方式中，才能被读者认可和接受。①

王湛还在该论文中概括了晚清翻译的三种模式：第一，由清朝高官重臣设立机构，赞助翻译活动。第二，由传教士直接创办、主持的机构来组织翻译活动。第三，各种译书机构。比如梁启超联合维新派人士集资在上海成立大同译书局，主要翻译各国"变法"及有关各类办事章程、商务之类的书籍，作为变法的参考。另外，还有1897年2月在上海创办的商务印书馆，发起人是夏瑞芳、鲍咸恩、鲍咸昌和高凤池等人。1900年，商务印书馆盘下了日本人在上海经营的修文印书馆，于是规模得以扩大，称为中国近代出版业中历史最为悠久的出版机构。另外，还有会文书社和广智书局等。这种模式下的赞助人与译者之间的关系已经基本具备现代形态下的商业关系，主要表现在有纯商业性质的买卖关系。但是这一时期的商业关系还没有完全实现，其中夹杂着师生朋友以及志趣相投者之间的友情合作。

三、词汇交流史角度的研究

近代马克思主义术语多从日语翻译而来，大多直接借用和制汉语的书写形式。作为时代语言的记录者，它们在内容上较为真实客观地反映了西方马克思主义思想传入中国时最初的汉语形态。

李博在《汉语中的马克思主义术语的起源与作用——从词汇概念角度看日本和中国对马克思主义的接受》一书中总结了中国的马克思主义术语产生的条件并举例说明了汉语中个别马克思主义术语的历史和作用。朱京伟在《马克思主义文献的早期日译及其译词》一文中弄清日本创造的马克思主义术语对中方术语的影响关系，从词汇史的角度对这些术语在日本生成的历史过

---

① 王湛：《晚清翻译的赞助问题》，《安阳师范学院学报》2008年第1期。

程和相关资料进行了整理。

日本语境的马克思主义在中国早期马克思主义传播史上占有重要地位。德国学者李博的研究结果表明：汉语借用自日语的马克思主义术语有56个，从日语中暂时借用，后来又被其他新词所代替的马克思主义术语有9个，中国未受日本影响而产生的马克思主义术语有1个。①

李博在其专著中总结了汉语中个别马克思主义术语的历史和作用，1903年前已经在日语文献中出现的社会主义术语，包括第一，汉语借用自日语的术语，如社会、社会主义、共产主义、革命、资本、资本家、资本主义、帝国主义、封建制度、封建主义、阶级、阶级斗争、生产、生产资料、生产方式、生产力、生产关系、生产率、劳动、劳动力、政治经济学、私有财产、农民、地主、人民、权力、政权、解放、反动、思想、理论、唯物论、唯物主义和形而上学。第二，从日语中暂时借用，而后又被其他新词所代替的专门术语，例如：劳动者原意为工人，后来意为劳动的人。劳动阶级被工人阶级替代。垄断代替独占。统治代替支配。压迫代替压抑、压制。1903年以来，在日文的马克思主义文献里以标准形式出现的专门术语如下：第一，汉语从日语中借用的专门术语：矛盾、对立、对抗、不断革命、辩证法、价值、修正主义、改造、意识、意识形态、经济基础、上层建筑、无产者、无产阶级、知识分子、实践。第二，从日语里暂时借用，后来又为其他词所代替的术语。例如：资产者、资产阶级代替有产者、有产阶级，小资产阶级代替小有产阶级，中等资产阶级代替中产阶级，专政代替独裁，剥削代替榨取，觉悟的、觉悟性代替自觉，群众代替民众与大众。

根据朱京伟的考察，到《资本论》三个译本问世时，马克思主义术语已经进入了相对成熟的阶段。在构词上表现为，出现新的二字词或三字词的机会大大减少，四字词和多字词语继续扩展。大多数二字词和三字词并非表述马克思主义概念的专用术语，而是用途宽泛的一般性词语。四字词和多字词语绝大多数是经济学甚至是马克思主义经济学的专用术语。从词语的结构来看，四字词和多字词一般都是在二字词的基础上进行一次或多次组合而形成的。二字词表达一个基本的上位概念，四字词和多字词语则把上位概念细分

---

① ［德］李博：《汉语中的马克思主义术语的起源与作用——从词汇－概念角度看日本和中国对马克思主义的接受》，赵倩、王草、葛平竹译，中国社会科学出版社2003年版，第104—413页。

成若干个下位概念。

这个词群是开放性的，还可以按照需要方便地增加其他成员。其他如"資本"、"生產"、"勞働"、"價格"等基本概念的词，也都形成了或大或小的词群。然而，由于四字词和多字词是由二字词逐级构成的，各个构词要素本身具有相对独立性，致使它们的结构稳定性较弱。因此，四字词和多字词的新术语数量虽多，但其中有许多很快就被其他词语取代而消亡了。值得强调的是，这种以二字词为基础的逐级构词方法，是明治时期以后日语在构建学术用语体系时常用的重要方法。反观清末时期的来华传教士或中国文人当时翻译的科学书籍，在拟定译词或术语时很少使用这种逐级构词的方法，在构词上缺乏明确的体系性。应该说，这是来华传教士和中国文人创造的术语最终不敌日语借词的一个重要原因。

吴袞弘在《法律翻译与法律移植——以晚清法律翻译实践为例》一文中对晚清日译法律术语进行了研究，结果表明：晚清的法律术语多将日语中的汉字直接植入中文译文。完全音译的翻译方式最大的弊端在于读音晦涩拗口，在接受程度上会大打折扣。照搬日语中汉字的翻译模式存在一定的问题：尽管运用的汉字从根本上说是源于中国，但因经历从西语到日语的翻译过程，这些新词汇的意思恐怕已经很难从中文汉字本身的含义来解释。

这期间一些译名曾经传入中文世界，但最终被抵制使用。屈文生在专著《从词典出发——法律术语译名的统一与规范化的翻译史研究》中认为可能是因为它们与中国既有的名词发生了冲突；另一些与留英派的译名发生了冲突，输给了英美等国家留学生的创造性翻译。一些译名经过修正后正式进入中文世界。作为时代语言的记录者，它们在内容上较为真实客观地反映了社会主义传入中国时候的最初汉语形态，获得合法性的证据或者证明。

第三节　翻译史研究方法综述

一、翻译文化史的研究方法

翻译文化史是文化史的一部分。翻译史的主题涵盖了翻译文学、译学理论、科学文献、翻译文化和语言学等领域，已经取得了丰硕的成果，但仍有继续挖掘的必要,从而进一步丰富中国翻译史的建设。

译史的研究相对来说是一种文化研究。因为翻译是文化发展、文化交往的产物,也是促使文化繁荣和变异的要素。翻译使文化具有了杂交的优势,所形成的翻译文化是本土文化同外域文化互动的结果。从这个意义上来说,翻译史研究是翻译文化史的研究,对文化和翻译两方面都是很有意义的工作。从方法论上说,译史的研究不同于译学里的应用的和基础的研究,前者关心翻译的结果,翻译的文化意义,后者注重翻译的过程,翻译的语言转换。[1]

翻译文化研究包括翻译史、翻译与文化的相互作用的研究。它也可以称为翻译文化史研究,因为通常是以既往的翻译对于文化的意义、作用为研究对象,有一段或长或短的时间距离。综观中外的翻译史,翻译都曾经对译入语国家的语言产生过影响。

例如中世纪阿拉伯人翻译了大批古希腊典籍,不仅推动了阿拉伯学术研究,而且保存了古希腊文化精萃,使后来的欧洲学者得以从阿拉伯文中将这些希腊典籍译成拉丁文,反过来促进了欧洲的学术研究。又如中国汉晋以至唐宋时期的佛经翻译,不仅传来了一种宗教思想,更从哲学思想、文学思潮、创作题材以及语言文体等方面给中国文化以深远的影响。正是从翻译文化史上我们能够更清楚地认识翻译的意义,认识翻译虽然是两种语言文字的转换,但又决不仅仅是两种语言文字的转换,它代表了社会的交往、文化的沟通与互惠互促。[2]从翻译看文化的沟通和发展,将翻译置于文化的大背景中加以考察,在国内,王克非的论文《从中村正直和严复的翻译看日中两国对西方思想的摄取》首次尝试将翻译史同思想文化史结合起来研究,通过分析个案,探讨中日两国近代如何选择西方著作和如何以翻译为途径走向现代化。

文化既是人类创造的价值,又具有民族、地域、时代的特性,因此不同文化需要沟通。这种沟通离不开翻译,因为语言文字是文化的最重要的载体。可见,文化及其交流是翻译发生的本源,翻译是文化交流的产物,翻译活动离不开文化。翻译文化史主要就是从历史发展上研究这二者的关系。它研究的是,经过了翻译这样的沟通工作之后文化发生的变化。它也

---

[1] 王克非:《论翻译文化研究的基础工作》,《外国语言文学研究》2001年第1期。
[2] 王克非:《论翻译研究之分类》,《中国翻译》1997年第1期。

晚清首部国人译介的社会主义著作的翻译史考察

不同于翻译史,因为它的重点不是翻译人物、翻译活动、翻译机构和翻译流派等。翻译文化史重在研究翻译对文化(尤其是译入语文化)的意义和影响,它在文化史上的作用,以及文化对翻译的制约,特别是在通过翻译摄取域外文化精华时,翻译起到什么样的作用,达到什么样的目的,发生什么样的变异。翻译文化史研究实质上是翻译史与思想史、文化史的结合,通过对历史上翻译活动的考察,研究不同文化接触中的各种现象,包括政治、经济、思想、社会、语言、文学上的变化,并探究它们在思想文化发展上的意义。①

文化史不同于以往重政治、军事和经济发展的历史,它把人类社会生活的各个方面,尤其是民族和时代的风俗、习惯、精神或价值观,都纳入自己的视野,而一个民族的各时代的优秀人物的文、史、哲杰作往往代表或反映这个民族的文化财富。正是在这个意义上,翻译沟通了两个以及多个民族的文化。翻译文化史或翻译文化学则考察两种(或多种)文化如何发生交流,这种交流产生的因素、过程、结果和影响。与单纯的翻译史相比,翻译文化史注重对种种翻译现象、事件做文化传播意义上的分析与解释,而不仅仅是翻译史实的叙述和钩沉。一种新思想的输入和摄取与所处的环境和时代背景相关,后者决定了翻译摄取的轻重缓急,这是我们在研究翻译文化现象时必须考虑的因素。②

黄忠廉在论文《适应与选择:严复翻译思想探源》中指出写翻译史应当坚持三条原则:一,持正确的历史观,在特定时代背景下评价翻译思想或理论的功过是非;二,将某一思想或理论置于历史长河中,既能纵向看发展,又能横向看差异;三,辩证地把握学术观点的对立矛盾,某个观点与主流观点不统一,或者有争议,是正常现象,是学术得以发展的重要原因。

对翻译论述的介绍,力求有血有肉,不能只拿出几根鸡肋给读者啃,尽量摘引原文,不能总是转述,对某些原著或有争议的问题,作者无法作出评判时,则述而不评,留待读者自己判断。

对于历史上的翻译事实,我们不仅仅看它翻译质量的高低,更要看它在文化交流上发生的作用和影响,这是翻译文化史研究不同于翻译史和其他翻译研究之处。从翻译文化史的角度来看,译本的忠实程度与该译本在文化沟

---

① 王克非:《翻译文化史论》,上海外语教育出版社1997年版,第2—3页。
② 王克非:《翻译文化史论》,上海外语教育出版社1997年版,第8—9页。

通上的作用之大小并无绝对的正比例关系。译者（其后有文化背景）的摄取是重要因素。翻译过程中，文化信息的微妙变化，如信息的增损、变样，可以说正是翻译文化研究者感兴趣的。①

贾洪伟、姜闽虹在论文《述往事思来者明道理——有关翻译史编写的思考》中认为编者就翻译史而言应力求以如下几点为己任：（1）客观地呈现翻译的历史面貌；（2）追溯翻译活动的缘起；（3）梳理翻译活动的脉络；（4）挖掘历史成因与外来影响；（5）考察翻译有关术语的衍化过程；（6）肃清时人对翻译史实的误解；（7）评论古人针对翻译活动提出的理论观点和总结；（8）归纳翻译活动对民族语言、文学、价值观念、意识形态等产生的影响；（9）以现代知识和视角反思翻译史实，为时人提供借鉴和参考；（10）指出历史和当下翻译活动的不足，提出具有建树性的建议，以及解决当前问题的策略。

黄忠廉还认为翻译史的总结方式主要有三种：一是翻译史实陈述；二是翻译思想概括；三是翻译论述梳理。第一种是史料史，以陈列翻译活动史料为主，这是写史的第一个微观层面。翻译史家描述历史事件应充分占有原始材料，尽量用材料说话，秉笔直书，继承实录传统，重在把历史事件弄清楚，所以考证非常重要。即使有总结，也应高度重视原始材料的引证。

第二种是思想/理论史，以总结翻译思想的发展过程为主，这是写史的第二个中观层面。除了罗列翻译史实和史识，它还力求通过对两者的综合考察和深入分析，从方法史、思想史和文化史等角度，探讨翻译思想的演进规律。

上述研究旨在"三求"：一求真，即真实地研究翻译思想；二求全，即系统地发掘显性的、隐性的和易被忽视的翻译思想；三求精，即精当地整理翻译思想。

第三种是学科史，是从学科的角度对翻译思想和翻译理论整个发展过程做全景式整理，这是写史的宏观层面。

翻译史的书写还要求能缜密地甄别翻译文献，能高远地构设翻译史的系统。某个观点与主流观点不统一，或者有争议，是正常现象，是学术得以发展的重要原因。写学科史的人应有大气魄，有学科素养，知晓古今中外的译事、译论和译人，能够纵看发展与继承，横看差异与交流。对翻译论述的介绍，力求有血有肉，尽量摘引原文，不能总是转述。

---

① 黄忠廉：《适应与选择：严复翻译思想探源》，《上海翻译》2009 年第 4 期。

克里斯托弗·伦德尔在论文《翻译作为一种研究历史的方法》中指出：翻译史学家应该自我定位为历史学家，他们研究翻译史的目的应该是借助翻译活动来了解和把握历史。

皮姆认为翻译史至少可分为三个研究领域：一为翻译考古学（translation archaeology），负责记录和挖掘翻译活动的基本史实，包括翻译活动发生的经过、时间、地点、原因以及译作的影响等；二为历史批评（historical criticism），负责收集和分析前人对历史上出现的翻译现象的评价；三是解释（explanation）翻译行为在特定历史时期和特定地点出现的原因及其与社会变迁的关系。这三部分是相互依存但又有一定独立性的领域。

皮姆还为翻译史的研究制定了四条原则：1）翻译史研究需解释译作为什么会在特定的社会时代和地点出现，即翻译史应该解释翻译的社会起因（social causation）问题；2）翻译史研究的主要对象不是译本，也不是与译本相关的各种背景因素，也不是译本的语言特征，而只能是作为人的译者（human translator）；3）翻译史的重点在于译者，故翻译史的写作需围绕译者生活及其经历过的社会环境展开；4）翻译史研究应表达、讨论或解决影响我们当前的实际问题，在此过程中，研究者个人的主观介入不可、也不应避免，反而需大力发扬。

二、把内部史和外部史相结合的方法

邹振环在《疏通知译史》一书中认为翻译史研究要注重史料的考察并把内部史和外部史结合。

史学是研究一定空间中时间流逝演变的贯通之学，史料与史观是史学的两翼，没有史料，史学就成了无源之水；而没有史观，史学则成了失去了内在意义的孤家考证。历史学的迷人之处就在于能够通过抉隐发微，来揭示一系列似乎孤立时间之间的互相联系，进而获取其深层的特别意义。因此，我们要搜罗大量的可靠的史料，依靠敏锐的感觉和新奇的眼光，持之以恒、不厌其烦地"于常人所不注意之处，常人向来不认为史料"中寻找出可贵信息。

如果我们给予翻译以广义的理解，在方法和文献利用上会产生很大的不同。除了翻译经典文本，某一个时期某一个地区所经常使用的通俗小说译本、词典、字典、教科书译本、语法用书，甚至刊物上的通俗翻译小说和报纸上短篇消息的翻译，都能成为我们研究翻译史的基本材料。如教科

第一章 绪 论

书译本能反映一个时代的知识水平,对于研究一个时代的文化的整体面貌有密切关系。一个时代的文化面貌很大程度上不是由第一流的思想家来决定的,正如法国比较文学家马·法·基亚认为:"水平最差的译者也能反映出一个集团或一个时代的审美观;最忠实的译者则可以为人们了解外国文化的情况作出贡献,而那些真正的创造者则在移植和改写他们认为需要的作品。"经典翻译无疑是解读一个时代翻译理论和风格的最佳文本,但一个有个性和风格的译家、一种具有强烈的创造性叛逆的译本、一些流传甚广的短篇消息译文甚至广告翻译,也许更能展示这一时代的翻译与社会的关系。从这种意义上来说,晚明至晚清那一段翻译史,对于我们理解广义的翻译,更有典型性。因为那个时代还没有后来所谓等值翻译的概念或者根本不提倡"等值翻译","豪杰"译甚至在晚清还是一个时代流行的翻译风气。①

内部史研究是研究翻译学科内部因素(如某一历史时期的翻译家生平考证、翻译作品、译本目录、译本版本、译家群体、翻译风格、翻译理论、翻译派系、翻译机构和翻译政策等)对学科发展的影响。内部史关注科学知识之成长过程,而外部史则把科学放在社会文化背景中加以考察。②

翻译的外部史研究提供的是一种翻译与社会、与文化之间复杂的交叉关系的分析,其中不仅需要传统的目录学、版本学、校勘学功夫,还需要借助于知识社会学、文学社会学等学科的理论和方法。

仅仅有"描述性"的工作是远远不够的,历史研究还需要我们找到问题意识,需要一种捕捉研究对象的独特"视角"。翻译史需要抓住"典型性"的对象,通过自己的视角和立场来展现前人的翻译成果、思想和经验。随着翻译史家的视角和立场不断变化,翻译史就会不断地被重新"描述"。在这一过程中,只有那些具有"典范性"的描述才会被引用,并能够继续参与到新的描述之中。

与"描述"可以构成相对关系的翻译史研究的另一项工作,是如何进行"解释"。这里的"解释",是指寻找促成翻译活动发展、翻译思想演变的那种社会土壤和文化风尚。如果说"描述"是尽量如实地展现一种翻译史是"什么",那么"解释"就是寻找翻译活动发展或翻译思想变化的"为

---

① 邹振环:《疏通知译史》,上海人民出版社2012年版,第6页。
② 邹振环:《疏通知译史》,上海人民出版社2012年版,第9页。

什么"。①

原本与译本的比较这是非常重要的内部研究方法,还有一些重要的细节,比如一种原本有多种译本,译著印数的多少是说明流传与影响的一个证据,但明清时期的译著没有印数记录,在缺乏印数统计的情况下,异译本的多少和一个译本版本的印次就显得格外重要。同时,译本是否由一些重要的书坊和出版机构来承印,也是确定该译本影响大小的一个依据。翻译史的外部解释,就是重点注意寻找影响或决定翻译演变的社会环境和文化背景。按照知识社会学的观点,知识和思想是由社会决定的,因此要解释一种知识的形成和传播,就要寻找决定它的社会条件和社会状况。社会文化的进程影响翻译的过程,社会进程在本质上渗透到了观察问题的视角。②

第四节 研究内容简介

20世纪初,翻译推动下的日译马克思主义经典是当时政治、社会、文化运动的一部分,由于时代的特殊性,我们需要将这一时期的语言研究放回到其所处的文化大环境中进行讨论,采用文化研究的方法扩大我们研究的领域,使我们的研究视野从单纯关注翻译和创作文本扩展到文本赖以存在的大文化环境。采用文化研究的方法,避免了就翻译而论翻译,就语言而论语言,使我们能在语言与文化、翻译文本与创作文本的互动和相互观照下研究这一时期的语言变化,这将为我们揭示从语言、翻译本身的研究中找不到的答案。

本研究的创新之处在于:

第一,力图用历史发展的眼光,从中外各种思潮相互作用的角度,考察中国人同社会主义思潮最初接触的历史过程。中国人在接触到从西方传来的社会主义学说之前,有自己的传统思想作为出发点。采用历史研究与描述研究相结合、典型个案分析与宏观阐释相结合等方法,对晚清国人译介马克思主义经典著作所涉及的理论问题进行较深入的系统探讨,力争做到视角拓新。

第二,史论结合是本研究的另一个特点。本研究力图做到追溯晚清国人

---

① 邹振环:《疏通知译史》,上海人民出版社2012年版,第8页。
② 邹振环:《疏通知译史》,上海人民出版社2012年版,第9—10页。

译介马克思经典著作的语言和文化根基及成因;解析赵必振译介的《近世社会主义》的结构和行文特点并对该译著做出评价。

第三,融描述与论说为一体,做到历史与逻辑的统一,宏观与微观结合,像著名语言学家王力提出的"龙虫并雕",从而更好地把握和梳理史料。在充分借鉴海内外前期研究成果的基础上,试图把握译著的概念范畴和核心观点。在收集第一手资料的基础上,弄清早期国人译介马克思经典著作的起源和传承方式。在对关键概念范畴予以评析的基础上,提出自己的观点和看法。

本研究的思路方法:

第一,对译本的翻译处理细节进行研究,考察其传播和影响;

第二,对译者的翻译过程(如译前的翻译动机、准备、译稿的修改、译作的原始材料等)加以考察;

第三,对翻译的语言(包括词汇尤其是译词、句法、语体)加以研究,并考察它对于本族语言发生的影响;微观词汇、句法和宏观的文意、译笔等层面对译本进行评价;

第四,以上三个方面是从微观立场上看的。若从宏观立场出发,我们更可以考察译作对马克思主义在中国传播的激发或推动作用,评价译者的文化使者角色,估量通过翻译介绍的新思想新文化对一个国家整体发展的意义。

本研究采用史论结合的方法,将翻译学常用的研究方法与语言学、哲学和文化学的研究方法紧密结合,既有微观的文本研究,也有宏观的讨论。深入分析《近世社会主义》早期传播中翻译主体的选择、翻译策略和成因,重新审视这一重要思想文献的翻译传播过程及翻译在其中的作用和意义,探讨其内容选择和意义建构的历史语境。翻译导入西学对中国近代思想文化产生了重大影响。动荡与变革的时代,翻译显然更利于外来文化的引进和吸收,并促使本土文化发生变化。面对外来文化,进步知识分子是如何选择并通过翻译加以摄取的?这种摄取带来了何种结果?

研究的重点包括:成书的背景(包括日译西书、晚清中国人日语学习的背景)、译书的内容、译书的内容和体例、日语水平如何影响翻译的水平和质量,译介了哪些社会主义的新名词,如何翻译马克思主义让中国人接受以及该书产生的影响。最后,从史学价值和翻译批评方面,探讨译作给当下的翻译研究领域提供了哪些借鉴与启发。

本章是绪论。在陈述选题的学术价值和现实意义的基础上,从马克思主义传播史、晚清翻译史和词汇交流史方面综述了相关的文献和前人的研究成果。本研究的研究方法主要包括翻译文化史的研究方法和把内部史和外部史相结合的研究方法。本章内容还包括具体的研究思路、研究的创新之处和章节内容结构安排。

第二章 晚清时期中国翻译史简述

晚清是我国历史上翻译活动的第三个高潮期,涌现了一些今日公认的翻译大师和许多杰出译者。本章回顾了晚清以前的佛经翻译对汉语的影响以及洋务时期和维新时期的翻译思想。本章整理了晚清的译书机构,概括了以梁启超和严复为代表的翻译家的翻译思想,归纳了晚清时期社会科学译著的翻译特点。

历史上的本土与异域的交流是通过口头和文字翻译来实现的,而正是翻译促成了两种文化的冲撞与交融,启动了双方文化的内在因子的重新活跃,从而导致文化结构发生一系列的变异。

中国翻译史按时间序列大致可分为民族翻译、佛典翻译和西学翻译三个历史阶段。春秋战国时期在民族翻译基础上所形成的文化大交融,导致中国文化出现了诸子百家的第一个高峰;东汉以来中外文化交流所形成的各种与域外文化的交流,形成了大规模的佛典翻译活动,在佛典翻译的基础上所形成的宋明理学,就是中国哲学发展的一个结晶体。晚明至晚清的西学翻译,在介绍异质因素方面,无论从规模、范围和影响的层面和深度上,都是前两个阶段所无法比拟的。[1]

第一节 晚清以前佛经翻译对汉语的影响

我国的佛经翻译最早从东汉开始,南北朝有了进一步发展,到唐代趋于极盛。历时近千年的佛经翻译对中国的语言和文学产生了不可估量的影响,它丰富了汉语的词汇和表达法,影响了汉语的构词和句法,此外佛经翻译还促成了汉语语言风格和文学体裁的变化,给中国的语言文学留下了丰富的遗产。[2]

---

[1] 邹振环:《疏通知译史》,上海人民出版社2012年版,第6—7页。
[2] 朱一凡:《翻译与现代汉语的变迁(1905—1936)》,外语教学与研究出版社2011年版,第30页。

佛经的翻译对汉语的音韵学产生了影响，主要表现在三个方面：一是四声；二是字母；三是等韵图表。词汇方面，由于汉语和梵语之间存在巨大差异，翻译过程中自然会产生大量的新词汇。在创造的新词中，有一些词深深地打上了宗教的烙印，如"涅槃"。有一些新词进入了人们的日常生活，对汉语产生了深远的影响，如"执着"、"平等"、"迷惑"、"真实"、"圆满"、"实际"等。

另一个贡献是加速了双音词增多的步伐。经典中有大量的倒装句、提挈句，这些在佛经翻译中产生的新语法成分和新句式随着佛经的广泛流传而使用至今。①

第二节 西学翻译对汉语词汇的影响

始于鸦片战争后的西学翻译延续了半个世纪，翻译的领域涉及地理、文化、法律、科学和政治等多个领域，向汉语输入了大量的新词汇，这一时期的翻译活动为现代汉语做出了多方面的词汇准备，为现代汉语词汇的形成做出了巨大贡献。②

鸦片战争以后，西方列强用坚船利炮轰开了中国的大门，西方的先进武器首先映入国人眼帘，征服了中国许多上层人士，于是出现了自上而下的洋务运动，学习西方技术，"师夷长技以制夷"，洋枪、洋炮和介绍西方文化、科技的书籍开始通过翻译涌入中国。对西学翻译做出重要贡献的两个人物林则徐和魏源，他们堪称西学翻译的先驱。

由于当时林则徐被任命为禁止鸦片贸易的钦差大臣，因此他急需掌握大量有关西方国家地理、历史和政治制度的知识。他雇用了数名译者为他翻译所需的知识，其中一部分出现在由林则徐署名出版的《四洲志》中。林则徐失势后，魏源将林则徐从广州带回的有关洋人翻译材料整理汇总，又加入其他传教士写的历史材料以及一些中国原有的材料，于1844年出版了《海国图志》一书。该书中出现了大量的新词，如用来表示各种名称的音译词，parlia-

---

① 朱一凡：《翻译与现代汉语的变迁（1905—1936）》，外语教学与研究出版社2011年版，第28页。
② 朱一凡：《翻译与现代汉语的变迁（1905—1936）》，外语教学与研究出版社2011年版，第33页。

ment（议会），译作"巴厘满"，House of Commons（下议院）译作"甘文好司"（广东话音译）。①

马西尼在《现代汉语词汇的形成》一书中曾经指出，《海国图志》对于研究西方语言对汉语、尤其是汉语词汇的影响是一部很有用的书，可以把它看作是词汇发展过程中的一个代表作。

1862年8月20日，北京同文馆创立，它主要负责翻译西方政治和法律方面的著作。同文馆的翻译活动对汉语词汇做出了巨大的贡献。其中丁韪良（William Alexander Parsons Martin）所译《万国公法》在当时影响很大。其中有不少词汇流传至今，如"民主"以及用"自"来译"self"，并制造出如"自主"、"自治"等词。丁韪良的另外一部《格物入门》也有影响力，该书共分七卷：水学、气学、火学、电学、力学、化学和算学。该书用"电"来表示"electricity"，并用"电"构造出多个新词，用来表示各种用电驱动的器具，如"电池"等。此外，把mechanics译成"力学"，chemistry译成"化学"都是《格物入门》的创新之举。②

1865年江南制造局成立，其翻译活动以科技翻译为特色。其中一位外国译者做出了贡献，他就是傅兰雅（John Fryer）。在1871年至1896年他和徐寿以及其他中国合作者翻译了77部著作，另有14本书是后来在英国翻译的。他还为各种机构翻译了38部著作，总计129本。从一开始，傅兰雅和他的中国同事认识到翻译科学术语，统一的标准很重要，因此制定了一些实用的译名原则。在《化学鉴原》中，他用汉字命名了64种化学元素，对48个尚未熟悉的元素分别创造了新字，并为每个新字加上表示门类的偏旁，这种创造化学元素名称的方法对后来化学元素命名影响很大。他认为翻译外来语所用汉字应从偏旁中看出含义，他还特别强调编纂一部专业词典的重要性，以保证科学术语的系统性和一致性。为此，他在1885至1888年编写了化学、医学以及矿物学词汇表，收录在他的《翻译手册》中。③马西尼认为江南制造局对于汉语的科技词汇贡献是巨大的，学科新词如"光学"（optics）和"声学"

---

① 朱一凡：《翻译与现代汉语的变迁（1905—1936）》，外语教学与研究出版社2011年版，第31页。
② 朱一凡：《翻译与现代汉语的变迁（1905—1936）》，外语教学与研究出版社2011年版，第31页。
③ 朱一凡：《翻译与现代汉语的变迁（1905—1936）》，外语教学与研究出版社2011年版，第31—32页。

 晚清首部国人译介的社会主义著作的翻译史考察

都是江南制造局的翻译们最先使用起来的,这些词汇对科技领域现代汉语的形成和传播起到了重要作用。

清末民初是西学翻译高潮时期,一批忧国忧民的先进人物面对民族危亡,图自强,谋复兴,共赴救亡图存大业,积极推动翻译和传播西方自然科学和哲学、社会科学知识,培养早期科学人才,在近代翻译史上开创了西学翻译的高潮,使中国近代向西方国家寻求真理的历程进入了一个新的阶段。这一阶段的翻译大致分为洋务时期和维新时期。当时所译的书籍,大多是第一次翻译成中文。由于文化的差异,语言的隔阂,译者常常为找不到恰当的译名而烦恼。于是翻译馆确定了一套翻译的原则。主要有:第一,沿用中文已有名称,第二,设立新名。

洋务时期的翻译

洋务派主张"中学为体,西学为用",认为学到西方坚船利炮的技艺就能"师夷长技以制夷"。曾经遭到了严复的批判。但是客观上洋务时期的翻译活动创设了外语与科学技术兼学的近代学堂和翻译机构,翻译了大批科学技术书籍,培养了一批科技翻译家,推动了清末科学技术的发展,在我国翻译史上占有一定的地位。这一时期的具体措施包括:第一,兴办新式学堂,官派留学生,培养大批学者型翻译家;第二,设译书局、翻译西籍,传播西方科学,沟通中西文化;第三,中外合作译书,发挥各自优势,造就一流科技翻译家。

翻译思想方面,他们最大的理论贡献是在科学技术术语的统一工作。从译名统一的原则到科学术语词典的编纂都在翻译史上留下了宝贵财富。关于译名讨论的历史,最早讨论译名是从佛经翻译开始的,玄奘法师提出"五不翻"原则后,结束了争论。到了近世,特别是到了清代,西学翻译事业甚盛,译名问题越来越大,急需统一。于是傅兰雅、徐寿等人提出了著名的"译名七原则":"第一,尽可能意译,而不音译。第二,万一不能意译,则要用尽量适当的汉字音译……要建立音译体系,基本词素音译字要固定,要用官话音译。第三,新术语应尽可能同汉语固有的形式建构相一致。第四,译名要简练。第五,译名要予以准确的定义。第六,译名在各种场合都要符合原意,不致矛盾。第七,译名要有灵活性。"(傅兰雅:《科技术语:当前的歧异与寻求统一的方法》)徐寿、赵元益等人并以此为原则编纂了有关化学、物理、医学等西汉双语词典30余种。这些原则和思想对后来的译名统一工作具有重要

的指导意义。①

维新时期的翻译

维新改良派人士以救亡图存和发展资本主义思想为指导，提出对中国传统的封建专制制度进行改革的维新变法主张。他们主张废除科举，改革教育，提倡新学，学习西方资产阶级的社会政治学说，使国家富强。

从翻译史角度来看，他们广设译学馆，广译西书（特别是广译那些对日本明治维新曾经产生过重大影响的西书），造就翻译人才等方面，其规模之大，其学科之广，其数量之多，其质量之精，是洋务时期的翻译无可比拟的。②

19世纪末至20世纪初西学翻译思想的发展令人欣喜地看到，在这一时期，西学翻译不仅得到了蓬勃发展，全面、系统、重点地介绍了西方的自然科学和哲学社会科学思想，而且培养和造就了自己的翻译家，建立了自己的翻译理论和翻译方法，并结合西学翻译的实际，继承和发扬了古代佛经翻译思想精华，完成了中国传统翻译思想发展的形成期。③

第三节 晚清时期的翻译机构和翻译家

一、翻译机构

晚清的译书机构是近代化的产物。19世纪末20世纪初，中国沿海城市与留日人员中，雨后春笋般地冒出许多出版机构，很多是集翻译、出版为一体。先前业已存在的出版机构，亦竞相翻译并出版日文书籍。根据熊月之在《西学东渐与晚清社会》中的统计，从1896年到1911年，中国和留日人员中翻译出版日文书籍的机构至少有116家。其中，至少75家设在上海，10家设在东京，杭州、武昌等地也有一些，留日人员在日本所办的译书机构主要设在东京。这些机构，有的存时较久，影响很大，有的旋开旋停，影响甚微；有的是独立机构，有的为学校、学会、报社所附属。较重要的有商务印书馆、译书汇编社、南洋公学译书馆、作新社、文明书局、会文学社、教育世界出

---

① 王秉钦：《20世纪中国翻译思想史》，南开大学出版社2004年版，第27页。
② 王秉钦：《20世纪中国翻译思想史》，南开大学出版社2004年版，第28页。
③ 王秉钦：《20世纪中国翻译思想史》，南开大学出版社2004年版，第31页。

版社、金粟斋译书处、新学会社、中国医学会、广智书局等。由中国政府创办、历时最久、出书最多、影响最大的是江南制造局翻译馆。

晚清时期讨论翻译政策的翻译机构主要分为三类①：第一，官办的译馆兼学校，主要负责翻译西书和翻译人才培养；第二，民间筹办的翻译或编译出版机构，如教会的广学会、维新派的译书公会、大同书局等；第三，翻译组织机构，主要负责翻译活动的协调监管工作。这些机构不仅是翻译、编译和翻译人才培养机构，还是晚清时期翻译政策讨论的主要载体和实施渠道。

这些机构大都由洋务派或维新派筹建，甲午战争之前以洋务派为主导，翻译政策讨论的焦点主要集中在开办译馆兼作学校，培养翻译人才，翻译西方书籍。甲午之后维新派势力崛起，创办了一些翻译出版机构，介绍和传播西方政学、法学，作为维新变法的依托。②

按照现在的学科分类，翻译馆所出 180 种西书，各类数字如下：社会科学 21 种，自然科学 37 种，医学与农学 23 种，工艺制造 28 种，军事科学 41 种，船政、工程、矿学等 30 种。其从多到少的顺序为应用科学与工程技术、自然科学的基础科学、社会科学。③社会科学方面包括政法、交涉、兵制、商务和学务等。

广智书局，1901 年在上海成立，名义上由广东华侨冯镜如主持，实际上是梁启超负责。译员多在日本，比较知名的有麦仲华、麦鼎华、赵必振等，出版书籍相当广泛，涵盖很多方面。

广智书局所译书籍，有不少在当时以及日后学术界影响很大。幸德秋水著、赵必振译的《二十世纪之怪物帝国主义》，是日本思想家最早对帝国主义进行分析批判的专门著作，原书出版于 1901 年，赵必振在 1902 年便将其翻译出版，从而使这部书成为中国第一部分析、批判帝国主义的译作。此书汉译本出版不久，便遭到清政府查禁。1927 年，曹聚仁将其重新标点出版，并赞叹："在二十五年前，中国学术界已有人来译述这一类的读物，真可使我们现在人十分惭愧。"最著名的是福井准造著的《近世社会主义》，也是由赵必振翻译，1903 年出版，被学术界认为是"近代中国系统介绍马克思主义的第一部译著"。书中以较大篇幅和称颂的语言，向中国读者系统地介绍了卡尔马

---

① 黄立波、朱志瑜：《晚清时期关于翻译政策的讨论》，《中国翻译》2012 年第 3 期。
② 黄立波、朱志瑜：《晚清时期关于翻译政策的讨论》，《中国翻译》2012 年第 3 期。
③ 熊月之：《西学东渐与晚清社会》，中国人民大学出版社 2010 年版，第 396 页。

克思(书中译成"加陆马陆科斯")的生平和学说,介绍了剩余价值理论;介绍了马克思和恩格斯的《哲学的贫困》、《共产党宣言》、《英国工人阶级状况》、《政治经济学批判》和《资本论》等著作的写作过程;介绍了第一国际的活动,以及巴黎公社的情况。书中称赞《资本论》是"一代之大著述,为新社会主义者发明无二之真理"。此书在马克思主义输入中国史上具有重要意义。从中可见译者对刚传入不久的社会主义与无政府主义的认识。①

二、翻译家

(一)梁启超

梁启超是中国近代资产阶级维新思想家、爱国的翻译家(翻译评论家和翻译史家)、中国最早用资产阶级史学观点和方法研究中国历史的著名史学家,被中国学术界奉为"鸿儒"。一生著述颇丰,涉及政治、经济、哲学、历史、宗教、文学、艺术、语言,达1500万字,编为《饮冰室合集》,成为中国近代宝贵的文化遗产。②

梁启超一生译介的西书,有西方资产阶级学说、马克思主义著作和文学作品(主要是政治小说)。梁启超以日本为媒介,从天文、地理、生物等自然科学,到政治、法律、经济、社会文化等各个领域,都向中国做了"无限制的尽量输入"。可以说,梁启超在中国文明开化和思想启蒙运动中做出了巨大的贡献。

梁启超是系统译介西方资产阶级学说思想较早的学者。1899年,《清议报》较早刊载了他所译的德国

梁启超像

伯伦知理著的《国家论》,1902年又由广智书局印行所译《国家学纲领》。梁启超认为,伯伦知理使国家主义"大兴于世","使国民皆以爱国为第一之义务","自今以往,此义愈益为各国之原力,无可疑也"。"伯氏立于十九世纪,而为二十世纪之母。"(《论学术之势力左右世界》)后又撰写了《蒙的斯鸠之学说》(通译"孟德斯鸠"),这是中国人第一次系统介绍孟德斯鸠学说。之后,又介绍马克思及其学说,成为迄今所知最早译介马克思的第一个中国人。1902年,发表

---

① 熊月之:《西学东渐与晚清社会》,中国人民大学出版社2010年版,第513—514页。
② 王秉钦:《20世纪中国翻译思想史》,南开大学出版社2004年版,第37页。

晚清首部国人译介的社会主义著作的翻译史考察

《进化论革命者颉德之学说》,他译引英国进化论者颉德(Benjamin Kidd)的思想说:"今日之德国,有最占势力之二大思想,一曰麦喀士(即马克思)之社会主义,二曰尼志埃(即尼采)之个人主义。""麦喀士,日尔曼人,社会主义之泰斗也。"又说:"麦喀士谓今日社会之弊端,在多数之弱者为少数之强者所压伏。"第二年,又发表《二十世纪之巨灵托辣斯》一文,再次介绍:"麦喀士,社会主义之鼻祖,德国人,著书甚多。"1906年,他在《杂答某报》上甚至称赞"社会主义为将来世界最高尚美妙主义"。

梁启超深感学术势力左右世界,故不遗余力介绍西方学术思想文化,更苦心孤诣择其重要人物以述其学。他利用他创办的《清议报》和《新民丛报》系统地介绍了大量的西方大思想家、大哲学家及其学说。此外,梁启超还通过日文转译翻译西洋小说。

王秉钦[①]把梁启超的翻译思想概括如下。

第一,关于"翻译强国"的思想。

梁启超有一句名言:"今日之天下,则必以译书为强国第一义,昭昭然也!"他认为,挽救中华民族危亡,必须振兴中国翻译事业。西方诸国之强盛,皆得益于翻译事业之发达,值得效仿。他论道:

"且论者亦知泰东西诸国,其盛强果何自耶?泰西格致性理之学,原于希腊;法律政治之学,原于罗马。欧洲诸国各以其国之今文,译希腊、罗马之古籍,译成各书,立于学官,列于科目,举国习之,得以神明其法,而损益其制。故文明之效,极于今日。(《论译书》)"

他又列举邻国俄罗斯和日本由弱国变成强国的成功范例来论证他的"翻译强国"思想,写道:

"俄罗斯崎岖穷北,受辖蒙古垂数多年,典章荡尽。大彼得躬游列国,尽收其书,译为俄文,以教其民,俄强至今。日本自杉田翼等始以和文译荷兰书,泊尼虚曼子身逃美,归而大畅斯旨。至今日本书会,凡西人致用之籍,靡不有译本。故其变法灼见本原,一发

---

① 王秉钦:《20世纪中国翻译思想史》,南开大学出版社2004年版,第45—46页。

即中,遂成雄国。斯岂非其明效大验耶?"(同上)

在《论译书》中,他对翻译何种书籍,如何培养翻译人才等一系列重大问题都提出了自己精辟的观点,这是他整个翻译思想的重要组成部分。他说:"故今日而言译书,当首立三义:一曰,择当译之本;二曰定公译之例;三曰,养能译之才。"① 当译之书包括"当以尽译西国章程之书,为第一义"。当译学校用之教科书、当译政法之书、当译西国史书。此外,还有西国之"蓝皮书"、农学、矿学之书、工艺之书、商务书和名理诸书等。

二曰公译之例。必须统一翻译名词术语。他对人名、地名、官制、名物、纪年、律度量衡等都提出了自己的观点,并作了科学严格的规定,可谓精当之论。

三曰养能译之才。他认为优秀的科学译文首先在于"学"通,即通书中专门之学;其次是"文"通,即对译文文字的通达和原文文字的精通。上等的译文只能出自上等的译才之手。他的"通学通文说"既是译才的标准,也是译文的标准。它先于严复的"信达雅说",于1897年提出来。这在我国翻译思想史上,应该写上浓重的一笔。②

梁启超还提出了"翻译文体革命"的思想。梁启超对于翻译文体革命的目的,有一句名言:"著译之业,将以播文明思想于国民也,非为藏山不朽之名誉也。"在翻译文体上,梁启超与严复的观点不同,他认为译文应该以广大读者读懂的文体为标准,甚至使"学童"亦"受其益"。

石云艳在《略论梁启超的翻译理论与实践》中概括了梁启超的翻译思想。梁启超把翻译事业同国家民族的命运紧密联系起来,认为中国要在国际上谋取生存,就必须做到"知己知彼",而各国的强盛,很大程度上得益于"知己知彼",俄国与日本是两个成功的范例。"今诚能习日文以译日书,用力甚鲜,而获益甚巨",进一步阐明了翻译日译西书的重要性和可能性。

"定公译之例"统一翻译名词术语。19世纪末,我国翻译西书蔚然成风,但名词术语存在混乱现象,很不统一,给译者和读者带来麻烦。因此,梁启超倡议在翻译中名词术语要尽量统一。主张使用通俗的语言进行翻译,认为翻译的目的是"播文明思想于国民",所以不赞成用渊雅但却难懂的先秦

---

① 王秉钦:《20世纪中国翻译思想史》,南开大学出版社2004年版,第45页。
② 王秉钦:《20世纪中国翻译思想史》,南开大学出版社2004年版,第46页。

文体。

梁启超总结了翻译事业发展的一般规律：在启蒙时代，两种语言和文化初次接触，译者"语义两未娴洽"只能依文转写完成"未熟的直译"；然后，译者为了使译文通俗晓畅，又忽略了与原文吻合，译出"未熟的意译"文本。但是在翻译事业的初期译本稀缺的情况下，读者只能饥不择食，译文文体得失构不成问题。随着翻译事业的兴盛，译本数量增加，玉石混淆的情况十分突出，于是"求真之念骤炽，而尊尚直译之论起"。但是矫枉过正的结果就是"意译论转昌"，最终直译和意译二者调和，"中外醇化之新文体出焉"。这在梁启超看来是"殆凡治译事者所例经之阶段"。

梁启超对翻译的最大贡献在于创办译书院，从一定的理论高度上引领翻译的潮流。依据梁启超的标准，首先必须谨慎选择所译之书；其次应该制定翻译的规则，特别是统一的译名；再次关于翻译人才的培养。他倡导以翻译传播文化，并提倡用通俗易懂的白话文将外文书籍译出。

类似的浅近文言是晚清民初翻译的通行语言，它是一种介于文言和白话之间的文学语言，其产生与梁启超创造的"新文体"有分不开的关系。梁启超从文学进化的角度支持白话文，指出"文学之进化有一大关键，即由古语之文学变为俗语之文学是也"。他对严复翻译中奉行的先秦古文体提出了批评，认为其译笔太过渊雅，不适合"启民智"。尽管白话小说更符合文学发展的趋势，可白话太过浅白、不能达到表达现代思维的需要，因此在创作和翻译中，梁启超做了折中，使用一种文白相间的文体，而这种"新文体"就是在晚清和民初极为流行的浅近文言。①

梁启超用通俗易懂的文字翻译的观点代表了晚清翻译语言由雅至俗的发展趋势，逐渐为翻译界所认同和接受。此后，越来越多的白话翻译作品改变了文言在翻译中一统江山的地位，并最终在五四之后取代文言成为翻译的固定语言。这显示了梁启超比严复稍胜一筹的远见卓识。②

（二）严复

严复是一百年前代表先进的中国人向西方寻求真理的一派人物；他是中国近代思想史上具有爱国主义精神和科学民主思想，代表先进文化的著名启

---

① 朱一凡：《翻译与现代汉语的变迁（1905—1936）》，外语教学与研究出版社2011年版，第72—73页。
② 蒋林：《严复与梁启超关于译语之争的焦点透视》，《中国翻译》2015年第2期。

蒙思想家；他是宣扬救国真理，培育"三民"（开民智、新民德、鼓民力）素质人才的现代"新学"的伟大教育家；他是中西文化交融的开拓者和倡导自然科学与社会科学汇流的先驱者；他是中国近代翻译史上学贯中西，具有划时代意义的翻译家，是我国首倡完整翻译标准的先驱者，他一生献身于译介和传播西方思想文化的事业，成为中国"介绍近世思想的第一人"，其思想具有深远的影响和世界意义。①严复的"信、达、雅"是中国传统翻译思想的纲领。严复自甲午战后至20世纪初，以满腔的爱国热情，潜心从事西方社会科学名著的翻译工作，并把西方社会科学名著作为一套完整理论，系统地引进到中国。

严复与《赫胥黎天演论》

严复译介西方科学著作，其目的远远超过魏源的"师夷长技以制夷"的实用主义思想和以张之洞为代表的洋务派的"中体西用"的肤浅理论，他深入西学观念领域，引进近代西方先进科学思想，作为改造中国人世界观的理论基础，作为思想启蒙的武器，从根本上彻底改造中国。这是严复翻译思想的灵魂。②

严复之所以选择译西学，就是为了借助西学而诠释中学，以此推动中国本土化的现代转换。严复翻译、宣传西学的过程，是重新诠释西学的过程。有鉴于此，他对西学的取舍和诠释始终以中学为旨归，并且是在与中学的互释中进行的。正是在以中学疏通、诠释西学的过程中，严复以特殊的方式诠

---

① 王秉钦：《20世纪中国翻译思想史》，南开大学出版社2004年版，第52页。
② 王秉钦：《20世纪中国翻译思想史》，南开大学出版社2004年版，第57页。

释、宣传了中学，也完成了中国本土文化的内容转换——既为中国本土文化注入了自由、平等和民主等近代价值理念，也证明了中学早于西学。①

严复构拟了一个特别的翻译方案，将西方的进化论按他的导向引入中国。为此，他采用三种特殊方法进行翻译：一是有选择、有取舍、有改造地摄取原作精髓，二是将原作的第一人称改为第三人称，易于读者接受，也为了便于对原文的观点进行评述；并在原文之外加大量按语，发挥、强调自己的见解。三是当时人们对外来文化还有抵触情绪，严复为了读者乐于接受西方思想，采用适合当时中国知识分子阅读习惯和理解能力的古雅文体。追求译笔优美，很切合他要引起士大夫阶层兴趣的翻译目的。②

严复用古雅的文体译述，表现了他对翻译和语言问题的思考。梁启超曾经致信婉言批评严复译文之古雅："著译之业，将以播文明思想于国民也，非为藏山不朽之名著也。"(《新民丛报》第1期)体现了严复期望用古典语言来沟通东西方思想的努力。当时的人们对外来文化还有抵触情绪，使用拟古的文笔，可以使人感到熟悉和接近，且"道胜而文至"，才易于为文人学士所接受。

从理论初衷上看，严复介绍、宣传西学是出于强烈的救亡图存的动机和意图，作为救亡图存的理论武器和精神支柱。于是，以中学疏导西学，便于中国人理解和介绍，以西学诠释中学，促进中国传统文化的现代转换成为严复宣传、翻译西学和弘扬中学的一贯做法。

从方式方法来看，严复介绍、宣传西学的主要方式是翻译西方学术著作。救亡图存的理论初衷决定了严复绝非唯西学马首是瞻，他对西学的翻译不可能完全忠实原著，而是根据中国社会的现实需要进行大胆的取舍和创新。严复对西学的翻译从来就没有忠实过原著，是以作代译的方式进行翻译。为了便于中国人理解和接受，他在翻译西书时往往根据自己对原著的理解加以重新创作，并将原著中所举例子置换成中国人所熟悉的概念或术语。③

清末民初，随着西方民族主义的传入，精英阶层对语言文字的认识已经脱离了简单的语言工具论，而将语言文字视为民族精神、国粹，国文兴则国家兴，灭文言国粹，不啻自灭其国。以张之洞为代表的政界权威和以辜鸿铭、

---

① 魏义霞:《严复：西学家？中学家？》,《光明日报》2013年8月14日。
② 张锦兰:《目的论与翻译方法》,《中国科技翻译》2004年第1期。
③ 魏义霞:《严复：西学家？中学家？》,《光明日报》2013年8月14日。

章太炎为代表的文化名流,都对日本新词给予了大力的批判,并将文法字义转变上升到学术文化存亡的高度。

许多日本译词虽然取自中国的经史子集,但经过日本借用,后经过留学生的译介回流到中国本土,已和古汉语中的固有用法截然不同。严复作为中国汉语纯净度的坚决拥护者,自然无法容忍这样的歪曲。严复宁可创造新词,启用已经废弃的古词,或者重新使用一个过时的近义词,也不用一些广为流传的日本译词,就是为了试图保护汉语词汇,维持汉语内部的连续性。严复创立的译词体系,会通中外的同时,又致力于沟通古今。[1]

严复翻译的另一个特点是,在译文中附有大量的按语,对原著的历史背景、作者的学术观点、论述的精髓所在、中国传统文化中的类似理论以及作者观点中应予以商榷之处,均一一指出,对读者有很大的启迪作用。

第四节 晚清时期社会科学著作的翻译

20世纪初,从日本转口输入西学,虽然从具体机构来说,对西学的选择性、过滤性很强,但因为译书机构林林总总,译书人员形形色色,在总体上说,译书呈无序状态。日本出一西书,译者动辄数家,无组织,无限制,无章法,所谓"梁启超式"输入,正因为如此,传入日本的西学,才得以比较全面地转口输入中国。[2]

晚清翻译有五大主题:了解世界,求强求富,救亡图存,民主革命和科学启蒙。具体来说,第一,了解世界。鸦片战争,中西会面,三千年一大变局,西人面对的是闭塞的中国,国人面对的是陌生的西方。让中国了解西方、了解世界,是一批西人的愿望,也是中国有识之士的共识。第二,求强求富。两次鸦片战争的失败,特别是第二次鸦片战争的失败,外国军队打到京师,逼签城下之盟。这对于清政府来说,既是愧对列祖列宗的奇耻大辱,也是暴露积贫积弱的奇祸巨变。以学习西方坚船利炮和科学技术为中心内容、以求强求富为目标的洋务运动因之而起。围绕这一运动,19世纪60年代至90年代,翻译介绍西方兵工文化和科学技术成为中国输入西学的主体部分。第三,救亡图存。甲午战争以后,天演说走红,立宪之议随之高扬,各种变政历史、

---

[1] 王荣:《雅训与传承:从严氏译词看严复的语言观》,《广西社会科学》2013年第3期。
[2] 熊月之:《西学东渐与晚清社会》,中国人民大学出版社2010年版,第15页。

 晚清首部国人译介的社会主义著作的翻译史考察

亡国历史、维新传记纷纷出版,各种醒华、救华、兴华、振华的刍议、卑议、高议、新议、通议、危言、庸言竞相提出。这一问题,自甲午迄辛亥,一直是中国志士仁人关心的重点之一,也是译书的重点之一。第四,民主革命。1900年以后,民主革命风潮涌起。民约论、自由论、自治论、独立论的译作成为时髦之学。形形色色反对外族统治的独立战史、战纪、秘史、轶闻,世界各国的民族英雄、志士、杰士、义士、侠女的传记,译作纷呈。与民主思潮涌来的同时,被视为比民主革命更激进的社会主义、无政府主义的著作也陆续翻译出版。第五,科学启蒙。从狭义上说,有意识地介绍科学基础知识、以提高普通民众的科学素质为宗旨的活动为科学启蒙。从广义上说,晚清所输入的西方科学,绝大多数属于启蒙范畴,因为那时民众的科学素养多很低浅,所传科学知识,从总体上说,多为基础知识。①

国内机构、留学人员都很热衷翻译、出版日文书籍,日书中译数量急剧上升。据不完全统计,从1896年至1911年,15年间,中国翻译日文书籍至少1014种。这个数字远远超过此前半个世纪中国翻译西文书籍数字的总和,也大大超过同时期中国翻译西文书籍的数字。以1902年至1904年为例,译自英文的共89种,占全国译书总数16%;译自德文的24种,占4%;译自法文的17种,占3%;而译自日文的有321种,占总数的60%。至于这一时期各种报纸、杂志上所介绍的西学,更难计其数,可以说是无报不译,无刊不译,无期不译。②

据研究,日本明治维新以后,中国第一个翻译日文书籍的是姚文栋。姚是中国驻日使馆的外交官,于1883年翻译了日本修史馆编写的《琉球地理志》,原书于1875年在东京出版。比起此前翻译西文书籍,这一时期所译日文书籍,最大特点是社会科学、史地书籍分量加大,应用科学、自然科学分量减少。按照谭汝谦统计,社会科学书籍有366种,占总数38%,史地书籍175种,占18%;语言文字书籍133种,占14%;应用科学书籍89种,占9%;自然科学书籍83种,占9%。③

晚清时期社会科学翻译的特点:

第一,翻译引进西方社会科学著作的主旨是为维新变法、为实现政治改

---

① 熊月之:《西学东渐与晚清社会》,中国人民大学出版社2010年版,第15—17页。
② 熊月之:《西学东渐与晚清社会》,中国人民大学出版社2010年版,第509页。
③ 熊月之:《西学东渐与晚清社会》,中国人民大学出版社2010年版,第510页。

第二章 晚清时期中国翻译史简述

良提供理论依据和精神动力;第二,翻译引进主要集中在历史、政治和社会学说;第三,翻译主体以维新派政治精英为主;第四,翻译引进源头从欧美扩展到日本。一批游学日本的人对日本社会的了解及其语言基础为翻译日本社会科学图书提供了条件。但是翻译日本社会科学著作的内容多是关于欧美国家的历史与政治。从这个意义上讲,翻译引进的本源还是在欧美国家,从日本翻译引进,相当于转译。①

有关哲学思想和社会科学译书的涌现,是中国史上罕见现象,对于开启民智,引进欧西近代思想学术,功绩很大,对诸多学科的发展做出了启蒙性的贡献。

晚清是我国历史上翻译活动的第三个高潮期,涌现了一些今日公认的翻译大师和许多杰出译者,我们有必要回头审视这个时期的翻译历史。本章回顾了晚清以前的佛经翻译对汉语的影响以及洋务时期和维新时期的翻译思想等。本章概括了晚清的译书机构、以梁启超和严复为代表的翻译家的翻译思想,归纳了晚清时期社会科学译著的翻译特点。

---

① 冯志杰:《中国近代翻译史(晚清卷)》,九州出版社2011年版,第125—126页。

第三章 晚清学者对日译马克思主义经典著作的译介

本章总结了近代日本对西方的翻译摄取，回顾了晚清国人日语学习的历史，包括晚清赴日留学生的情况、中日两地的东文学堂的情况和国人日语学习的动机。本章主要介绍了晚清国人从日本译介马克思主义学术著作的背景情况，列举了一些有代表性的从日本译介的马克思主义经典译作。

第一节 近代日本对西方社会主义文献的翻译摄取

在日本，依据社会主义文献的发行状况，大致分为五个时期：第一时期，1868 年到 1911 年；第二时期，1912 年到 1921 年；第三时期，1922 年到 1926 年；第四时期，1927 年到 1931 年；第五时期，1932 年到 1945 年。①

19 世纪中叶，日本主动地、全面地接受西方文明，尤其是明治维新以后，日本出于近代化的需要，积极翻译西方各科书籍，因而在吸取全新的文化概念、处理对应的译名时，比中国先行一步，多下了功夫。这关键性的一步，即他们根据汉字创立的译名，不仅影响了日本也影响了中国（还包括汉字文化圈）对西方新思想新概念的理解与接受。②

1868 年开始的明治维新，标志着日本从封闭落后的社会走向现代化的开始。在现代化的进程中，借翻译引进外族文化尤其是西方文化以变革民心是其显著特点。所译书籍内容无所不包，难以计数，对日本现代化、对日本社会各个方面发生了深远的影响，明治时代堪称"翻译的时代"。

与此同时，介绍欧洲社会主义的译著和书刊开始出版，发行量与日俱增。1881 年，基督教会创办的杂志《世界》刊载了题为《论近代社会主义政党的

---

① ［日］渡部義通、塩田庄兵衛：『日本社会主義文献解説〈明治維新から太平洋戦争まで〉』，日本图书中心 1997 年版，第 10 页。
② 王克非：《汉字与日本近代翻译——日本翻译研究述评之一》，《外语教学与研究》1991 年第 4 期。

第三章 晚清学者对日译马克思主义经典著作的译介

起源》的文章，详细介绍了马克思的生平和学说。1882年，乌尔塞的《社会主义与共产主义》出版，许多论述欧洲改良主义运动和革命运动的著作也相继问世。1895至1901年间，几乎每年都有研究社会问题的团体成立。1896年，东京大学的一批教授成立了日本社会政策研究会，他们以德国"讲坛社会主义者"或者国家社会主义者为榜样，主张国家采取措施，消除自由竞争给工人带来的种种恶果，以免除阶级冲突，维护资本主义国家的基础。该学会是一个纯学术团体，但是由于它的领导和成员有着受人尊敬的社会地位，从而使它的主张在政府及民间团体中有极大的影响。①

福泽谕吉、西村茂树和西周等"明六社"同仁把先进的欧美诸国的民主主义思想输入介绍给日本，天赋人权论和立宪政治理论以及国民主权论是自由民权运动的思想基础。

明治10年后半期到20年后半期的社会运动和工人运动没有社会主义的理论指导，从先进的欧美国家输入介绍社会主义思想或者进行独立研究是从明治14年左右开始的。这一段时期的社会主义思想的宣传和流传起到重大作用的是德富苏峰主导的"民友社"一派、中江兆民一派和自由党左派。

这一时期自由民权思想开始萌芽，进而社会主义思想的输入和介绍是由一部分激进的知识分子阶层开始的，其领域只限于启蒙和普及工人运动。社会主义思想还没有普及广大的工人阶级。社会主义思想在日本扎根，成为指导工人阶级解放的理论而展开是在中日战争之后。《社会主义神髓》（幸德）和《我社会主义》（片山）是明治社会主义学者的社会主义理论达到的最高水平。②

日本社会主义运动最杰出的领袖之一是幸德秋水。幸德秋水的《广长舌》一书，是一部宣传社会主义的通俗读物。它系统阐述了社会主义的含义和目标，说明了社会主义的根据及其实现的必然性；驳斥了反对社会主义的观点。该书认为，19世纪后半期，资本主义已经进入帝国主义，自由竞争主义转为资本合同主义。革命是社会进化、发展的必经途径。在驳斥所谓社会主义为"破坏主义"的论调时，着重说明了社会主义的必然性及其理想的实质。社会

---

① ［美］伯纳尔：《一九〇七年以前的社会主义》，丘权政、符致兴译，福建人民出版社1985年版，第61页。
② ［日］渡部义通、盐田庄兵卫：『日本社会主义文献解说〈明治维新から太平洋战争まで〉』，日本图书中心1997年版，第25页。

主义的发达为 20 世纪人类进步的必然趋势。

幸德秋水的《社会主义神髓》，是当时宣传社会主义理论最重要的著作。它依据《共产党宣言》和《社会主义从空想到科学的发展》阐述了科学社会主义的主要观点，是一本重要的马克思主义读物，无论是在当时的日本还是中国都是一部水准最高的社会主义理论著作。①该书揭露了资本主义社会的矛盾，分析了劳动者贫困的原因，说明了社会主义的本质。劳动者的贫困根源是没有土地和资本，唯有出卖劳动力。该书进一步分析了资本主义的阶级对立和矛盾冲突，认为随着产业革命所带来的近代工业的发展，社会分裂为两大阶级：地主资本家与一无所有的劳动者。该书阐释了社会主义的必然性及其主张的科学性。社会主义既然是资本主义生产方式发展到极点的结果，它是合乎社会进化公理的，因此，社会主义是必然的，主张是科学的。

日本资本主义的发展走在中国的前面。甲午战争后，日本的资本主义大踏步地发展起来，工人阶级队伍迅速扩大。广大工人群众遭受资本家的残酷剥削，酿成严重的社会问题。早期的社会主义运动就在日本逐步抬头。工会出现了，宣传社会主义的著作也大量出版了。恰好在这个时候，中国留日学生的人数以惊人的速度迅猛增加，从 1896 年中国派出第一批留日学生起，不到 10 年就猛增到八千多人。他们如饥似渴地注视并学习在日本接触到的种种新知识，并且立刻生吞活剥地把它们介绍到中国来。当时正在日本广泛流行的社会主义思想，自然就会引起一部分留日学生的关切和注意。1902 年至 1903 年期间，相当一批日文介绍社会主义的著作被译成中文出版，如《社会主义》、《近世社会主义》、《社会党》、《社会主义神髓》等，便是这种历史条件下的产物。可是当时的日本，真正懂得马克思主义的人还很少，无产阶级的革命政党还没有建立，上述这些著作的内容是相当驳杂的，有些甚至还把社会主义和人道主义混同起来，把科学社会主义和社会改良主义混同起来。②

---

① 丁祖豪：《20 世纪中国马克思主义哲学》，中国矿业大学出版社 2002 年版，第 11 页。
② [美] 伯纳尔：《一九〇七年以前的社会主义》，丘权政、符致兴译，福建人民出版社 1985 年版，序言第 4—5 页。

第三章　晚清学者对日译马克思主义经典著作的译介

第二节　晚清中国人对日语的学习

一、晚清赴日留学生及中日两地开办的东文学堂

从空间上来看，清末中国人的日语学习可分为中国国内的日语学习和在日本进行的日语学习。中国国内的日语教学真正在中国近代外语教育史上占有一席之地，应是始于官办外语学堂中的东文馆的开设。[①]同文馆所设的是"东文馆"，而不叫"日文馆"。《齐如山回忆录》中记有一名学生的解释："甲午中日之战，日本已强，又添设了日本文，彼时名曰东文馆。其所以名为东文馆者，有两种原因，说来也可笑。一因甲午之战，官员们为堂堂中国同一小日本打仗，说起来丢人，意思是它不配与中国为敌，避免中日合称，而云中东之战，所以名曰东。二因其他四国文字都是西文[②]，所以名曰东文。"甲午战争结束后，客观上清政府有同日本交涉的需要，而主观反思的结果是清政府向日本学习发展的经验。1896年，京师同文馆增设东文馆。1897年以后，有上海东文学社、福州东文学堂、杭州日文学堂、泉州彰化学堂、天津东文学堂和北京的东文学社。从沿海到内地，不少学校开设东文课，从日本聘请了许多日本教习，其中有名字可考的有430名。这些学堂是留日学生的预备班，也是日文译员训练所。[③]

1896年，清朝最初的13名官派留学生赴日。他们是唐宝锷、戢翼翬、朱忠光、胡宗瀛、吕列煌、吕列辉、冯言谟、金维新、刘麟、韩寿南、李清澄、王某和赵某。[④]他们顺利地通过总理衙门的选拔考试后被派往日本，年龄在18岁到32岁之间。当时的清朝驻日公使裕庚委托日本外务大臣兼文部大臣西园寺公望，随后清朝公使裕庚将留学生交付给高等师范学校校长嘉纳治五郎。

---

① 刘建云：『中国人の日本語学習史：清末の東文学堂』，学术出版会2005年版，第79—87页。
② 同文馆最初只有英文和法文，因为乾隆年间西北边疆与俄罗斯有交涉，所以在北京设立了俄罗斯文馆。普法战争之后，德国日强，因此同文馆又添了德文。
③ ［日］实藤惠秀：《中国人留学日本史》，谭汝谦、林启彦译，三联书店1983年版，第639页。
④ ［日］实藤惠秀：《中国人留学日本史》，谭汝谦、林启彦译，三联书店1983年版，第1页。

嘉纳治五郎任命同校的教授本田增太郎为主任,专门负责清朝留学生的教学。

根据熊月之所著《西学东渐与晚清社会》的记载,自1896年清政府向日本派遣了第一批留学生后,中国学生赴日留学者逐渐递增。1901年274人,1903年1300人,1905年8000人,1906年1.2万人,男子留日,女子留日,兄弟留日,父子留日,夫妇留日,全家留日,公费留日,自费留日,青年留日,老人留日,秀才留日,举人留日,进士留日,一时间,留学日本,狂潮翻卷,蔚为壮观。

嘉纳治五郎创立的宏文学院是位于日本规模最大的清朝留学生教育机构。1899年嘉纳治五郎在三崎町成立亦乐书院,由于中国留学生人数激增导致的校舍短缺,1902年在牛込西五轩町扩建成立弘文学院。这是当时清朝留学生教育机构中规模最大的一家。1906年是中国留学生在校人数最多的一年,达到1615人。由于当时清朝留学生避讳乾隆皇帝的名字弘历,所以弘文学院改名为宏文学院。嘉纳治五郎针对赴日的中国学生实施以日语为正科,物理、化学、数学为副科为期3年的教育。在三年中,仅有金维新和刘麟两人中途退学,7人顺利毕业。酒井顺一郎在《明治时期的近代日语教育——以宏文学院为例》中认为19世纪末期以后,近代日语教育才真正开始。

宏文学院的日语教习主要有三矢重松、难波常雄、松下大三郎、小山左文二、门马常次、菊池金正、柿村重松、松本龟次郎。其中三矢重松和松下大三郎对留学生的教育和日本文化的贡献尤为突出。[①]宏文学院的日语教习们为中国留学生编写了一系列的日语教材、文典等,这些资料同时也为中国人的日语学习提供了极其重要的参考资料。

二、晚清中国人日语学习动机

清末中国国力日益衰落,在甲午战争中失败,于1895年同日本签订了《马关条约》割地赔款。而日本在明治维新以后迅速崛起,对外扩张,翻译了大量西方的书籍,推动了日本社会的进步。日本学习西方的成功使中国当时的许多有识之士认识到有必要向日本学习。清末中国人的日语学习是在当时大规模、深层次的向日本学习的热潮中如火如荼地展开的。清末中

---

① [日]实藤惠秀:《中国人留学日本史》,谭汝谦、林启彦译,三联书店1983年版,第47页。

第三章　晚清学者对日译马克思主义经典著作的译介

国向日本学习的热潮带动了中国人日语学习的高潮。此时，新知识的传播从依靠传教士转到通过日本，日本逐渐成为中国从外部世界获取新知识的主要途径。

清末中国的许多有识之士充分认识到向西方学习的必要性，向西方学习的一个重要手段是翻译反映西方先进文明的书籍，而此时的日本已经大量翻译了这些书籍，并且这些日译西书大量使用了"新漢語"。与其费时费力长途跋涉去欧洲学习，不如借助日本途径，这样更便捷、收效快，而且成本低。通过学习日本进而汲取西方新知识，成为日语学习的最大原动力，这也使清末中国人的日语学习带上了一定的功利色彩。只有掌握了日语，大规模的译书才可能实现。从某种意义上来说，日语学习打开了中国人通过"东籍"而至西学的窗口。借助日语获得新知识得到了人们的共识。日语学习引起了有识之士的重视，社会需求催生了大量的日语教材、语法书和词典。

以获取西方先进文明的知识作为日语学习的动机，我们可以从这一时期日语教材的序言中得到印证。

1900年唐宝锷、戢翼翚刊行的《东语正规》，编纂目的是"输入文明之先导不得不求之于语学"。

1903年郭祖培与熊金寿合著《日语独学书》，在自序中写道：

"中国自开海禁以来，环球各国皆梯航而至外洋之文明亦渐输入焉。此交涉之原因即文明之起点居今大洋交通之世处。兹物竞天择之时稍识时务者，莫不以通洋务为先。夫通洋务必先通文字，通文字必先通言语。而通语言莫如东洋为最近。盖中东两国共处一洲，相交最切文字相似而政教又多，可取法者故中之于日留学也游历也赛会也采购也负贩也观察也。一切行旅之繁及交际关系之重较之他国为最著焉。"

（郭祖培、熊金寿，1903：1—2）

1905年商务印书馆编译所编辑的《东文法程》，序文中提道："壤地之交近在眉睫，风教所被不远古初，西之远而难纪不若东之近而易徵也，于是向所欲得之于西者，近且借径而兼取之于东。"

清末中国人迫切地希望通过学习日本从而达到学习西方先进文明的目的，学习日语已经是一种历史的必然。

1900年以后，一因中国自己翻译人才成批出现，二因日译西书大量涌入，三因广学会出版书籍越来越限于宗教范围，其社会影响逐渐式微。①

1898年，湖广总督张之洞在所撰《劝学篇》中，力陈翻译日文书籍的必要性和速效性：

> "大率商贾市井，英文之用多；公牍条文，法文之用多。至各种西学之要者，日本皆已译之，我取径于东洋，力省效速，则东文之用多。……学西文者，效迟而用博，为少年未仕者计也。译西书者，功近而速效，为中年已仕者计也。若学东洋文，译东洋书，则速而又速者也。是故从洋师不如通洋文，译西书不如译东书。"

1901年，张之洞、刘坤一会奏奖励译书，特别提倡翻译日文书籍：

> "缘日本言政言学各书，有自创自纂者，有转译西国书者，有就西国书重加删订酌改者，与中国时令、土宜、国势、民风大率相近。且东文东语通晓较易，文理优长者欲学翻译东书，半年即成，凿凿有据。如此则既精而且速矣。"

留日人员更普遍认为日文易学、日书易译：

> "学英文者经五六年始成，其初学成也尚多窒碍，犹未必能读其政治学、资生学、智学、群学等之书也。而学日本文者，数日而小成，数月而大成，日本之学，已尽为我所有矣，天下之事，孰有快于此者？"②

对于20世纪初中国通过日本转口输入西学热潮，梁启超曾有生动的描述：

> "戊戌政变，继以庚子拳祸，清室衰微益暴露。青年学子，相率

---

① 熊月之：《西学东渐与晚清社会》，中国人民大学出版社2010年版，第439页。
② 熊月之：《西学东渐与晚清社会》，中国人民大学出版社2010年版，第509页。

第三章 晚清学者对日译马克思主义经典著作的译介

求学海外,而日本以接境故,赴者尤众。壬寅、卯间,译述之业特盛,定期出版之杂志不下数十种。日本每一新书出,译者动数家。新思想之输入,如火如荼矣。然皆所谓"梁启超式"的输入,无组织,无选择,本末不具,派别不明,惟以多为贵,而社会亦欢迎之。盖如久处灾区之民,草根木皮,冻雀腐鼠,罔不甘之,朵颐大嚼,其能消化与否不问,能无召病与否更不问也,而亦实无卫生良品足以为代。"①

第三节 晚清马克思主义学说译介的萌芽

马克思和恩格斯一生撰写了许多优秀的著作,涉及了政治、哲学、经济、文学和军事等广泛领域。他们的著作通过翻译被传播到了世界各地,成为了全世界共同的精神财富。中国了解和接受它是通过翻译这个途径完成的。"十月革命一声炮响,为我们送来了马克思列宁主义",这是我们非常熟悉的一句话。但实际上,在十月革命之前,就已经有不少先行者在向国人零零散散地介绍马克思主义了。马克思主义最初作为西方的一种社会政治思潮,随着西学东渐和中国人的留学运动而译介到中国。随后,马克思和恩格斯的思想出现在各种译作中并广泛传播开来。译者和译作在宣传和传播马克思主义方面起到了重要的作用。马克思主义著作译介的三种渠道分别是:西欧(主要是法国、德国和比利时)、日本和俄国。甲午战争后,中国出现了日译西书的热潮,日本一度成为马克思主义传入中国较有影响的一条渠道。

综观早期马克思主义在中国的传播,可以用排球比赛中的一个术语来形容:那就是一传没有到位,二传需要进行调整。中国的马克思主义原本应该来自其原产地德国,但由于历史机缘"一传没有到位",我们早期从原产地那里接受原生态的马克思主义少之又少,而是通过日本、法国、苏俄以及美国等众多的"二传手"来传播的。由于每种语境下对马克思主义的理解具有不同特色,这就使中国人所接受的马克思主义存在着语境差异。揭示这种差异,有助于理解不同路径传入中国的马克思主义语境差异与对马克思主义中国化的影响。

---

① 熊月之:《西学东渐与晚清社会》,中国人民大学出版社2010年版,第536页。

1894—1895年中日战争中清政府的惨败震惊了中国人,并大大改变了中国对外国的态度。这次战争结果表明,明治维新之前同中国一样处于西方列强威胁之下的小小的日本在不足30年的时间里一跃成为能将自己的军事意志强加给国土面积和人口皆大其数倍的中国的现代强国。中国人此时意识到,日本通过1868年大规模向西方学习以及按照西方组织模式进行社会、政治、经济、军事、教育和法律诸方面的全面改革,在实现中国人同样梦寐以求的国家富强方面比中国先向前迈进了一大步。知识阶层中开放的中国人开始认识到,中国以前所走的仅仅学习西方的武器、造船和铁路技术,按西方模式组建几家工业企业而不变更以儒家思想为基础的国家和社会结构的路子不可能使国家富强。他们认识到必须要深入研究西方文化与文明的基础,学习西方的科学技术、政治和社会制度。①

对于东亚学生来说,在已对西方科学做过筛选和整理的日本学习、吸收他们感兴趣的科学要素比在这些科学的发源地欧美学习效率更高,也更经济。因为在欧美呈现在他们面前的是一个难以观其全貌的庞大的知识体系。

在这段时期,从日语翻译过来的汉语作品的数量如潮水般上涨。这些译作大多在日本出版。1900年,留日学生成立了专门负责将日语书籍译成汉语的社团译书汇编社。该社的月刊《译书汇编》(*A Monthly Magazine of Translated Political Works*)也开始发行。该刊物连载日本及西方作品的汉语译作。在第一期上以醒目的大标题确定了自己涉及的最主要的话题:政治学、国法泛论、社会行政法论、政治学提纲、万法精理、近世政治史、近时外交史、19世纪欧洲政治史论、民约论、权利竞争论。这些著作的作者部分为日本人、部分为欧美人。如果原著作者为欧美人,译文则不依据欧洲语言的原文,而是以其日语翻译为基础,也就是说是一种二次翻译。②

中文报刊首次正式出现马克思恩格斯之名并翻译马克思主义,开始于1899年2月下旬的第122号的《万国公报》中,这一号登载了由李提摩太摘译、我国教士蔡尔康纂述的《大同学第一章·今世景象》,其中用一百余字的

---

① [德]李博:《汉语中的马克思主义术语的起源与作用——从词汇-概念角度看日本和中国对马克思主义的接受》,赵倩、王草、葛平竹译,中国社会科学出版社2003年版,第59页。
② [德]李博:《汉语中的马克思主义术语的起源与作用——从词汇-概念角度看日本和中国对马克思主义的接受》,赵倩、王草、葛平竹译,中国社会科学出版社2003年版,第62页。

第三章　晚清学者对日译马克思主义经典著作的译介

篇幅介绍了马克思及其关于资本的学说。晚清时期我国的马克思主义译介的诱因具有政治、经济和文化三重维度。晚清马克思主义经典著作翻译仅仅为摘译和节译，而且错误较多，但是有助于国人接触和认知马克思主义。① 最早向中国人提到马克思的，就现在所知，是一八九九年《万国公报》所载的基德的《社会演化》（当时译作《大同书》）它曾经三次提到马克思，一次提到恩格斯，并称马克思为"以百工领袖著名者"。伯纳尔的著作比较早地注意并提到这一事实。②

文献检索表明，英国传教士李提摩太和他的中国秘书蔡尔康共同编译的《相进相争之理》，作为《大同书》专栏第三章发表在《万国公报》第123期上，文章写道："试稽近代学派，有讲求安民新学之一家，如德国之马克偲，主于资本者也。"此处的"马克偲"指的就是马克思，"主于资本者也"，指的是马克思著有《资本论》一书。

《资本论》是无产阶级伟大的革命导师马克思用毕生心血写成的光辉文献，也是马克思一生最重要的著述。马克思在这部著作中运用辩证唯物主义和历史唯物主义的世界观和方法论揭示了资本主义社会的经济运动规律，阐述了资本主义发生、发展和灭亡的规律，根据对资本主义内在矛盾的分析，论证了资本主义为共产主义取代的历史必然性，为科学社会主义奠定了牢固的理论基础。这部著作在政治经济学领域实现了革命性的变革，创立了马克思主义的政治经济学。它把高度的科学性和革命性结合在一起，为工人阶级和劳动人民的解放事业提供了强大理论武器。全书共三卷，分别阐述了资本的生产过程、资本的流通过程和资本主义生产的总过程。这部具有划时代意义的巨著第一卷于1867年9月14日在汉堡出版。

中国人在自己撰写的论著中最早介绍马克思及其学说的是资产阶级改良派代表人物梁启超。1902年梁启超在《进化论革命者颉德之说》一文里赞扬颉德的进化论的同时，也介绍了马克思及其学说，文章指出"麦喀士（即马克思），日耳曼人，社会主义之泰斗"。十月革命以前，朱执信是宣传、介绍资本论最突出的一位。

---

① 邱少明：《民国马克思主义经典著作翻译史（1912至1949年）》，南京航空航天大学博士论文2011年。
② ［美］伯纳尔：《一九○七年以前的社会主义》，丘权政、符致兴译，福建人民出版社1985年版，序言第2—3页。

晚清首部国人译介的社会主义著作的翻译史考察

第四节　晚清学者从日本译介的社会主义主要经典著作

历史跨进20世纪时，社会主义学说开始受到更多中国人的关注。报刊上也陆续出现介绍社会主义学说的文章。这种状况之所以出现，固然同中国资本主义的逐步发展有关，但直接的原因是受到日本思想界的影响。①

在日本的中国译者在翻译科学著作时能借助日语，这大大简化了他们的工作。当他们在翻译过程中碰到尚未引入汉语的西方概念或此概念的汉语解释没有触及该概念的本质时，他们不必重新造词，而是可以把已有的日语术语作为借词吸收到汉语中。

晚清时期先进人士看到了中国的未来，开始自觉引进和介绍马克思主义新文化。促进中译日书发达最大的力量来自留日学生。1900年之后，留日学生开始有能力译书了。他们在东京纷纷组织译书团体，积极从事翻译。早期较重要的团体有译书汇编社、湖南编译社、会文学社、国学社、东新译社、闽学会等。有的团体发行定期刊物，例如译书汇编社的《译书汇编》、湖南编译社的《游学译编》，分期刊载著译，译载完毕就印成单行本发行。有的译书不著个别译者姓名，而以团体出名，这类译品恐怕是集体执笔或分章负责而成的。有的团体人才济济，译品或偏重法政或专志学术教育，形成独特风格，不少译者成为近代中国风云人物。例如：译书汇编社的金邦平、章宗祥、曹汝霖、戢翼翚、杨荫杭、杨廷栋等，湖南编译社的黄轸（克强）、杨毓麟、周家树、张孝准等。至于其他个别从事译事的人更多，例如章太炎等。②

马克思主义学说是通过社会主义著作的翻译逐渐传入中国的。20世纪初，特别是1902年到1903年间，中国留日学生掀起了译介日文社会主义著作的热潮。社会主义思想传入中国知识界的开始时间应为1903年。同年在上海出版了三部篇幅比较大的日语社会主义著作的中译本。虽然日本在1903年以前也未出版过日语的马克思主义原著，但对20世纪初出版的日语社会主义题材的文章和书籍所做的研究表明，日本左派人士早在1903年就已经了解了马克思主义思想的基本原则。而且，大量表述马克思主义学说的现代词汇在当时

---

① ［美］伯纳尔：《一九〇七年以前的社会主义》，丘权政、符致兴译，福建人民出版社1985年版，序言第4页。

② 王克非：《翻译文化史论》，上海外语教育出版社1997年版，第230—231页。

第三章　晚清学者对日译马克思主义经典著作的译介

的日语中已经存在。1903年出现日本社会主义著作的中译本是与当时的社会背景相吻合的。①

1901年，梁启超创办了上海广智书局。这个书局出版的第一批书籍，有许多是论及民权、社会达尔文主义及其评论家的日文著作的中译本。在学生极为活跃的1903年，各种刊物大量涌现，广智书局也出版了三本其他方面的有关社会主义的译著。这三本书系日本的社会主义者或社会主义的同情者所写的欧洲社会主义通论，而且据人们判断，它们都是根据上面提到的美国《文摘》写成的。这些译著使社会主义学说在中国得到了最初的传播，也使科学社会主义得到了初步介绍。其中幸德秋水、福井准造、村井知至等人的著作不仅在社会主义学说方面内容集中，观点鲜明，而且包含着比较深刻的哲理，在中国影响很大。②

第一本是《近世之社会主义》，1899年福井准造著，赵必振译。此书共四编，叙述了社会主义的历史，也概述了当时社会党的状况。第二编题为《德意志之社会主义》，介绍了马克思及其倡导的社会主义，肯定了他所持的见解。在马克思以前的社会主义"全为空理想之一夕话"。

第二本是《社会党》，日本社会民主党创始人之一、基督教徒西川光次郎于1901年写成，周百高译。该书也是介绍近世欧洲的社会主义。书中说，欧洲的社会主义分为三派：虚无主义、基督教社会主义和马克思主义。

第三本是《社会主义》，村井知至著于1899年。村井，这位东京外语学院的英语教授，是个受过美国教育的基督教徒。他是社会主义研究会的会长，但是，1900年，当该会决定公开提倡社会主义时，他却辞职了。此书系留日学生罗大维译，是另一本介绍社会主义的著作。

同年，还有一本全面评述社会主义的著作由第三家出版社出版，这就是1901年岛田三郎撰写的《社会主义概评》。岛田也到过美国，是片山潜主办的《劳工世界》的积极撰稿者，20世纪初他在对劳工的宣传鼓动中处于领先的位置。他的书是一部社会主义通史，给拉萨尔和马克思以极大的荣誉，称他们是"唯一的真正的社会主义者"，同时对辩证唯物史观作了概略的介绍。作者

---

① [德]李博：《汉语中的马克思主义术语的起源与作用——从词汇-概念角度看日本和中国对马克思主义的接受》，赵倍、王草、葛平竹译，中国社会科学出版社2003年版，第104页。
② 丁祖豪：《20世纪中国马克思主义哲学》，中国矿业大学出版社2002年版，第10页。

对无政府主义者不很尊重，只根据事实把他们与民粹主义者区分开来，认为前者是国际性的，而后者仅限于俄国。书的结尾描述了当时众多的社会党，十分强调它们在选举中的胜利。

看来似乎是经过一阵子激增之后，直到1911年没有更多的有关社会主义的书籍出版。然而，这仅仅是反映日文著作的中译本数量总的趋势而已：从1903年——前所未有的年份——的187种，下降到1904年的17种。[①]

马克思主义是在本世纪初首次介绍到中国，但马克思和恩格斯的全部中文译本，大约要到1920年间才开始出现。这些介绍意识形态的译作，为共产主义运动在中国的发展奠定了思想基础。

本章总结了近代日本对西方的翻译摄取，回顾了晚清国人日语学习的历史，包括晚清赴日留学生的情况、中日两地的东文学堂的情况和国人日语学习的动机。以上是晚清国人从日本译介马克思主义学术著作的背景情况。研究列举了一些有代表性的从日本译介的马克思主义经典译作。

[①] ［美］伯纳尔：《一九〇七年以前的社会主义》，丘权政、符致兴译，福建人民出版社1985年版，第80—82页。

第四章 《近世社会主义》的译介与接受

本章阐述了社会主义学说在中国初步宣传的时代背景和传播的内容,介绍了《近世社会主义》译介的背景、译者和主要内容,分析了部分译介的文本,简析了译作对近代中国社会转型的影响,主要包括为资产阶级知识分子提供了思想营养以及为资产阶级革命提供思想基础和理论借鉴。

第一节 社会主义学说在中国的初步宣传

19 世纪末年,国际资本主义开始进入帝国主义阶段。那时中国已经在半殖民地半封建社会的旅程上痛苦地行走了半个多世纪。民族矛盾、社会内部矛盾,都已经发展到异常尖锐的地步。这一切,迫使所有先进的中国人不能不苦心焦虑地寻求救国的出路。他们的眼光转向了西方。"要救国,只有维新。要维新,只有学习外国。那时的外国只有西方资本主义国家是进步的,他们成功地建设了资产阶级的现代国家。日本人向西方学习有成效,中国人也想向日本人学。"这是当时的实际写照。[①]

社会主义在中国早期传播有一个突出的特点:它是作为求强致富、维新改良、社会革命的附属物被传入中国的,当时它虽然不能等同于科学社会主义学说,但又包括了科学社会主义的若干内容。社会主义思潮在近代中国的展开,不仅刷新了近代中国思想文化发展上的面貌,而且为中国近代思想文化的演变方向增添了新的内容,尤其是在文化上突出了中国社会处于近代阶段与水平的性格特征。[②]

19 世纪末,中国的先进知识分子开始接触社会主义。20 世纪初,小资产阶级无政府主义者、资产阶级改良主义者和资产阶级革命民主主义者依据各

---

① [美]伯纳尔:《一九〇七年以前的社会主义》,丘权政、符致兴译,福建人民出版社 1985 年版,序言第 1—2 页。
② 张艳国:《19 世纪社会主义思潮的西来及其中文译名的拟定》,《华中师范大学学报(人文社会科学版)》1999 年第 3 期。

自的理解和需要,零星地向中国知识界介绍了马克思主义。据统计,在1902年至1907年间,国内出版的论述或谈到社会主义的译著有30多种。主要有:《近世社会主义》(福井准造著,1903年出版)、《近世社会主义评论》(久松义典著,1903年出版)、《社会主义神髓》(幸德秋水著,1903年出版)、《社会主义概评》(岛田三郎著,1903年出版)等。这些著作多来自于日本,其内容多是介绍社会主义各个流派、主要思想观点和社会主义思想发展史的,其中也有一些著作介绍了马克思、恩格斯的《共产党宣言》、《社会主义从空想到科学的发展》的主要内容。此外,还出现一些由中国学者撰写的介绍、评论社会主义的文章,如梁启超的《中国之社会主义》(1903年2月,《新民丛报》第26号)、《社会主义论序》(1906年10月,《新民丛报》第86号)。①

1900年12月,由湖北籍留日学生戢翼翚任社长主办的《译书汇编》杂志,首开留日学生译介社会主义运动及其学说的风气。1901年1月,《译书汇编》创刊号登载了日本学者有贺长雄的《近世政治史》译文。该书介绍了社会党的由来、第一国际的历史以及工人运动中的不同派别。

1902年,梁启超在《新民丛报》上发表的《进化论革命者颉德之学说》中也提到了马克思(译作"麦喀士"),并称他为"社会主义之泰斗"。但是资产阶级改良派代表的是刚由地主阶级转化而来的上层资产阶级。他们希望在不根本推翻封建统治秩序的前提下,采用温和的手段,逐步推行资产阶级性质的改革。一切激烈的变革都是他们所害怕的。广大下层群众参加社会变革更使他们惊恐欲绝。所以,他虽然提到马克思和他的学说,却抱着反对的态度,自然也谈不上宣传或传播了马克思主义。以比较认真、并且是同情的态度对待社会主义的,是资产阶级革命派。②

1902年12月,幸德秋水的《广长舌》由中国国民丛书社翻译、商务印书馆出版。幸德秋水(1871—1911),日本社会主义运动著名的先驱者和组织者。19世纪末,他接受了马克思主义的基本思想,由激进的民主主义者转为社会主义者。他的思想,对中国的民主主义者乃至中国早期的马克思主义者如李大钊,产生了重大影响。

《广长舌》考察了世界体系的发展大势,认为19世纪后半期,资本主义

---

① 侯才、王伟光:《社会主义通史》(第三卷),人民出版社2011年版,第399—400页。
② [美]伯纳尔:《一九〇七年以前的社会主义》,丘权政、符致兴译,福建人民出版社1985年版,序言第3页。

已经进入帝国主义阶段。由自由竞争主义转为资本合同主义，由资本合同主义转为世界社会主义，是历史发展的必然趋势，是人类历史进步的最终结果。它认为，帝国主义是世界社会主义的导火线，劳动者阶级必将组织世界资本主义以取代帝国主义，并扫除其一切毒弊。这是全世界人民共有的情感，共同的进步信念。

在这一时期，孙中山也进行了广泛的社会主义宣传。他对社会主义的理解虽然还是不科学的，难免带有空想的色彩，但是他不仅对马克思科学社会主义采取赞赏的态度，而且他的社会主义主张中也有合理的因素。他明确提出开发中国生产力的主张，防止资本家垄断实业的主张。他阐述了社会主义的意义，不同意把社会主义归结为社会政策，阐述了社会主义之利于人类社会进化的意义，强调了人们改造社会的主观能动性。

1903 年 2 月，马君武在《译书汇编》第十一期发表《社会主义与进化论比较》一文。他认为社会主义乃"奇伟光明之主义"，它发源于圣西门、傅立叶，中兴于路易·布朗、蒲鲁东，极盛于拉萨尔、马克思。马君武概述了"人群竞争"，说明了社会主义与达尔文主义的关系。他不仅强调人类争取自己生存的斗争和社会的竞争与进化，而且在阐述这些思想时，明确提出"与天争"的口号。

1903 年 2 月，梁启超在《新民丛报》发表《中国之社会主义》一文，他用中国文化对社会主义做了解释，把社会主义与中国历史上的井田制和均田减赋一类主张混为一谈。中国先进知识分子对社会主义的早期宣传表明，国际社会主义思潮包括马克思主义已经对中国思想界产生了一定影响。

1905 年，朱执信在《民报》连载《德意志社会革命家小传》译文，介绍了马克思的生平传略而且阐述了《共产党宣言》的主要内容和剩余价值学说的要点。

1905 年 8 月，孙中山在日本东京成立中国同盟会。中国同盟会领导的革命虽然属于资产阶级革命性质，但是它对马克思学说是持欢迎态度的。同盟会成立后，资产阶级革命派在宣传自己的革命主张和学说的同时，热情地介绍了马克思的社会主义学说，为马克思主义在中国的传播做出了积极贡献。资产阶级革命派介绍马克思学说的代表是朱执信、宋教仁、廖仲恺、胡汉民和孙中山。他们当时所发表的文章是这一时期马克思主义在中国传播的重要文献。

1906 年，宋教仁在《民报》上发表经他略加修改的译自日本的《万国社

会党略史》一文。这篇文章概述了第一国际的历史,介绍了第二国际的各次代表大会,说明了阶级对立和阶级斗争的阵势以及马克思主义学说的意义。

1906年,廖仲恺发表了他翻译的《社会主义史纲》和《无政府主义与社会主义》,概述社会主义思想的起源和分期,说明了社会主义与无政府主义的本质区别,初步涉及了社会主义思想的哲学基础。

1907年3月,胡汉民发表《告非难民生主义者》的长文,全面反驳梁启超的观点。胡汉民对梁启超的反驳不仅广泛涉及欧美日本社会经济发展的事实,而且能应用马克思学说进行分析,充分体现了他坚决的社会革命立场和较高的理论造诣。

此外,孙中山概述了社会主义的派别,表明了他对社会主义的基本观念的理解。社会主义可以分为四个派别,即共产社会主义、集产社会主义、国家社会主义和无政府社会主义。

孙中山论述了社会主义的经济学根据。社会主义是从生产和分配的经济学原理出发的。

此外,孙中山描述了社会主义的大同理想,把"礼运篇"的大同理想与社会主义相结合而提出的一种理想。这个理想因为不是建立在科学社会主义基础之上的,它只是一种空想。但是,它强调产品公有,人人各得其所,协业操作,消除社会的不平等,追求真正的自由、平等和博爱,这不止是高尚的愿望,而且有合理的因素,对于科学社会主义的传播也是有意义的。①

第二节　赵必振对《近世社会主义》的译介与接受

一、背景

晚清翻译是我国翻译史上的第三次高潮,这次翻译高潮对我国的政治、经济、意识形态和文化都产生了深远的影响。在此期间,涌现了一大批伟大的翻译家,他们的翻译作品和译论建树在我国的翻译史上永远闪耀着光辉。从另一个角度说,晚清翻译是在当时独特的社会文化背景下展开的,这种独特的背景产生了独特的翻译模式。对于晚清翻译,我们不能把目光局限于评

---

① 丁祖豪:《20世纪中国马克思主义哲学》,中国矿业大学出版社2002年版,第14—21页。

第四章 《近世社会主义》的译介与接受

论译者的翻译技巧和策略以及考察译文是否忠实于原文,我们应该将译文和译者放在历史和文化的大环境中去考察。

在近代中国,西学东渐的浪潮席卷大江南北,为中国近代史上的思想文化之河注入了一道活水。虽然洋务运动因其单纯器物引进取向而随甲午战争的失败而破产,未能完成救亡图存的历史使命,却为后来的戊戌变法运动的兴起创造了条件,为学习西方的政治、法律、社会管理等西方社会科学奠定了基础,从此翻译借鉴西方的社会科学、实行维新变法提到了议事日程。

清末战争一再失败,战争的消耗和巨额赔款导致白银外流。西方强大的经济实力、先进的发展理念和成熟的近代化经济运行机制让国人羡慕。快速崛起的日本成为当时国人效仿的榜样,同时也进一步激发了国人对欧美包括马克思主义在内的诸多经济制度和社会发展理论的探索和翻译。译介的宗旨是寻觅这些国家繁荣强盛背后的思想、政治和经济等深层原因。一些爱国人士为了拯救中华,希望从西方借鉴一些救国和强国之道。当时出现了大量翻译西方文献的高潮,涵盖了政治、经济、文化和生活的各个领域。

19世纪与20世纪之交,是一个翻译的时代,无论是从翻译学的角度还是历史的角度来看,借力于翻译,西方思想开始进入中国。中国的知识分子开始思考救国之路。同时,这个时代是一个翻译的时代,借力于翻译,西方思想开始分阶段以不同的形式进入中国,严复完成了说理、林纾完成了叙事、《哀希腊》完成了煽情……中国的知识分子开始思考救国之路。一种新的社会实践模式开始浮出水面:翻译——思考——行动。结果,辛亥革命爆发、封建王朝被推翻、新文化运动爆发、中国共产党诞生。①

1840年起,"救亡图存"成为一个急迫而现实的最强音。各种社会力量纷纷探寻救国救民之道,在"师夷长技以制夷"的过程中,马克思主义与其他西方理论一道,借助翻译纳入国人的视野。马克思主义之所以要被中国人译介、认可、接受、宣讲并应用是因为中国的社会条件有了这种需要。从翻译目标指向来看,这一时期的翻译具有鲜明的针对性、强烈的目的性和急切的实践性。

---

① 王东风、李宁:《译本的历史记忆:陈望道译〈共产党宣言〉解读》,《中国翻译》2012年第3期。

二、译者

赵必振（1873—1956），字曰生，号星庵，湖南省常德市鼎城区石板滩人，先后就读于常德德山书院、长沙湘水校经书院，受康有为今文经学影响较深。戊戌变法前夕，参加院试，这时候赵必振已经倾心改良维新，十分崇拜康有为和梁启超，不想再走科举道路。但仍勉遵族人之命，用"必振"之名应试，以第一名补博士弟子员。

戊戌变法失败后，新政废除。他目睹国事日非，心中悲愤，于是与邑人何来保等结"寒社"，日事吟咏。光绪二十六年（1900年），与何来保组织常德"自立军"，谋应唐才常起义，事泄，化装逃往桂林，经姐丈介绍，加入广西圣学会。不久，清廷通缉令至广西，乃由圣学会友人龙赞侯帮助，经澳门亡命日本。到日本后，任《清议报》、《新民丛报》校对、编辑，常以"赵振"、"民史氏"笔名撰文，追念"自立会"死难诸同志，揭露清廷腐败政治。与章炳麟、秦力山、陈天华交游密切，并发愤学习日文。赵必振译介的专著如下：

赵必振

北村三郎：《亚西里亚巴比伦史》，广智书局 1902

北村三郎：《土耳其史》，广智书局 1902

北村三郎：《亚剌伯史》，广智书局 1903

北村三郎：《埃及史》，广智书局 1903

北村三郎：《犹太史》，广智书局 1903

北村三郎：《腓尼西亚史》，广智书局 1903

北村三郎：《波斯史》，广智书局 1903

他发奋学习和阅读日文书籍，听日本社会主义者的演讲。在他面前展示了一个新的世界，卢梭、孟德斯鸠、华盛顿、林肯的资产阶级政治理论和实践，令人耳目一新的社会主义学说让他非常感兴趣。他和革命党人章炳麟、秦力山等人的交往，又使他感受到民族民主革命精神的影响。

光绪二十八年（1902年），党禁稍松，他又潜回上海，积极从事译述。他认为清廷已彻底腐败，不可救药，要救中国，须先倡导新思想。是年8月，他翻译出版了《二十世纪之怪物——帝国主义》。第二年又翻译出版日本福井准造的《近世社会主义》。前者为我国第一部分析批判帝国主义的译著，后者为我国第一部系统介绍马克思主义的译著,对于戊戌变法失败后,探求救国救民道路的先进中国人,曾产生一定影响。在此前后,他还翻译了《日本维新慷慨史》、《日本人权发达史》等多种著作。光绪三十一年(1906年),去香港任《商报》编辑,因抨击英帝国主义政策,为殖民政府驱逐出境。光绪三十三年(1908年),应澄迈知县龙赞侯之邀,赴海南岛创办澄江、迈江两学堂。宣统元年(1909年),至奉天佐盐运使熊希龄幕。辛亥革命爆发,驻奉陆军协统蓝天尉与熊希龄拥护共和,他奔走于南京、上海间,积极与革命党人联系。

民国成立,熊希龄出任北京政府财政总长,他随入财政部。不久,熊改任热河都统。他又随往热河,任都统署财政厅长兼国税厅长。任职期间,廉政无私,时人誉为"身为五长,不名一钱"。民国二年(1913年),熊希龄去北京组阁,他复入财政部,此后陆续在财政部任职十余年。

民国十七年(1928年),北京政府解散后,赵必振无意从政,乃应约去民国大学、华北大学任教,主讲"地理沿革"、"公羊春秋"和"三礼"。"九一八"事变后,赵必振回湖南,先加入慈善团体,充任华洋义赈会中国董事、湖南水灾救济委员会委员,后从事教育工作,执教孔道、中和国学专修学校。在教学中,大力提倡国学,激励青年爱国热情,并将讲稿编成《国学概论》一书出版。抗日战争爆发后,返回常德,在常德县中任教。抗战胜利后,已年逾古稀,为生活所迫,仍执教于私立明义中学。中华人民共和国成立后,赵必振被聘为湖南省文物管理委员会委员、湖南文史研究馆馆员,撰写《自立会纪事史料》、《(自立会人物考)增补》等书。1956年病逝于长沙,享年84岁。

三、内容

1903年2月,广智书局出版了福井准造的《近世社会主义》一书。这是系统介绍社会主义思想发展史和各国社会主义运动概况的第一部著作,最早对《资本论》进行了简要介绍。该书对《资本论》极为推崇,指出:"马陆科斯(马克思——引者注)之《资本论》为一代之大著述,为新社会主义者发明无二之真理,为研究服膺之经典。"这部书明确地指出圣西门、傅立叶、欧文和路易·勃朗、蒲鲁东的学说都是空想的学理和儿戏的企图,其实行也属空想。只有马克思等德国社会主义"其学理之论据,最为坚固。故其势力,至今日而不衰"。该书专门开辟一章,介绍了《哲学的贫困》、《共产党宣言》、

 晚清首部国人译介的社会主义著作的翻译史考察

《英国工人阶级状况》、《政治经济学批判》、《资本论》等著作的写作过程和主要内容,赞扬马克思为一代伟人,"其议论之精致,为天下所识认"。这说明20世纪初,社会主义学说在中国开始了最初的传播,其中包括科学社会主义的内容、社会进化思想,并涉及唯物史观等基本观点。

该书介绍了《共产党宣言》的成书目的并译介了最后两段话。就现有的资料来看,这是以直接叙述的手段翻译《共产党宣言》内容的最早一段译文。[1]

福井准造通过父亲福井直吉自由民权运动从当时的政治状况中受到了思想的影响。郭沫若曾经翻译福井准造的《近世社会主义》。给福井的思想和行动带来影响的不仅是这一时期为主的现实问题,比如说社会问题和社会主义的问题。同时期的产业革命进展过程中,作为日本资本主义构造的一环的寄生地主制的确立,同时这一时期的日本的农业问题也给他的思想和行动带来了很大的影响。在农村,为了振兴农业而积极地进行农会活动,成为神奈川县农会的副会长,在那里完成了早期的耕地整理。在此期间,受农商务省的委托,在神奈川、静冈县的工场从事职工调查。此后,成为国会议员,以农政研究会所属议员的身份进行活动的同时,作为帝国农会创立委员、帝国农会评议员参与农政。简而言之,福井的思想与行动的进展是与中日、中俄战争后期的他的实践的轨迹分不开的。[2]

总之,福井预防社会问题采取先发制人的对应措施,为了解释社会问题而必须从社会主义中学习。这一点是福井撰写《近世社会主义》的目的。[3]

明治32年6月栗原亮一序给了该书以很高的评价。

《近世社会主义》序中说:

"政友福井直吉君之哲嗣准造君好学修文,研究社会主义,博采泰西诸家之说,顷者著题为社会主义,公之于世,夫社会问题之讲究,为近世之最急要者,而发明社会主义真相著作,吾国尚阙而不详,以致研究社会主义者,每每误解,今此书出,关系于吾国者不

---

[1] 方红、王克非:《〈共产党宣言〉在中国的早期翻译与传播》,《外国语文》2011年第6期。
[2] [日]松田隆行:『福井準造の思想の原点—日清戦後の「知識人」とナショナリズム・社会主義・農業—』,『近代日本研究』,1998年第14期。
[3] [日]松田隆行:『福井準造の思想の原点—日清戦後の「知識人」とナショナリズム・社会主義・農業—』,『近代日本研究』,1998年第14期。

第四章 《近世社会主义》的译介与接受

浅,因一言以为叙。"

《近世社会主义》自序表明了本书的写作目的是满足时代的需要,为解决当时的社会问题提供参考和借鉴。

"社会主义者何也。所以稽社会党之行动也。然或因孟浪过激之凶徒,为安宁秩序之仇敌,以招世界之嫌恶,然而文明所到之处,则社会问题必随伴之,而社会党亦随而兴,余素暗于实事,迂于时势,而岂敢以慷慨自任,每以国家之大事为忧乎。而敢以能文达识之士自命,而后其博览多才乎。然当此滔滔社会之潮流,静观事物变态之迹,徐徐视察其趋向,我日本今日之形势,社会问题亦隐约胚胎于其中,贫富悬隔之弊,亦将渐显于社会,是经世忧国之士,不能漠然置之者也。此所以稽查欧美诸国之事例,以讲究近世之社会主义,其微意之所在,即注于兹矣。世界识者,披阅一过,当亦怳然于社会问题之不可轻忽,是著者之所厚望也。后之读者,其不以为覆瓿之具欤。

明治32年3月福井准造识于相阳丰田寓居"

凡例指出了本书的内容、写作目的、译介内容的参考价值以及翻译人名、地名等固有名词的大致翻译方法:

"——本书描写法兰西革命以后欧美诸国之社会主义为主,于革命以前,虽间采社会主义者之议论,然社会之势未大,其足以当讲究之价值者甚少,故省略之。

——社会主义者以经济学上之一学说与政治学上之一议论,以判定此主义之是非善恶,为本书之目的,然为解释社会问题,自信为讲究社会主义者之必要,著者特蒐集多种之社会主义的议论,以供社会问题解释者之资。

——本书之目的说明社会主义之本质,然于其党派之运动,亦为讲究社会主义者所不容忽,不可附诸等闻。然本书先记述欧美诸国社会党之状态,至其运动,于他编再述之。

——本书所揭载之人名地名等,于固有之名词,大抵随其原者,而附记以片假名,然于从来一切所惯用者,则不别改之。"

汉译本《近世社会主义》共计16万字,它对日本知识界当时影响很大,是一部系统地介绍社会主义思想以及各国社会主义运动概况的著作。广智书局在1903年3月发布的出版广告称:本书的出版,对于中国社会而言,有两

条密切关联：一是中国正在走向工业文明，将来也会面临欧美社会的难题；二是中国也开始组织党派，但处于幼稚阶段，因而宗旨混淆，目的不明，常常误入歧途，有负众望。本书关于世界上影响很大的社会党与无政府党介绍最详，可供中国建党善择。"即此二端，此书之价值可知，有志者请急先睹。"可见中国社会急于了解社会主义运动发展之一斑。

《近世社会主义》明确批评了圣西门、傅立叶等人主张的社会主义是"空想的学说"和"儿戏的企图"，其实行也"实属梦想"，"故全然失败"。它对马克思的科学社会主义予以热情肯定。在逐一介绍了马克思主义的经典名著的写作情况和主要思想后，称赞马克思为"一代之伟人"。它称赞马克思所阐发的社会主义，学识深远、思想精微、立论持据、最为坚固。它突出介绍了《资本论》所阐述的劳动价值论、剩余价值论以及关于资本主义内部过程矛盾性的深刻剖析。该译作推动了马克思主义在中国的译介，译作对马克思主义学说进行了赞扬，对比译介其他学说的文本，译介其他学说的时候没有过多的褒扬，而对《资本论》的科学价值则做了充分的肯定。"马陆科斯（马克思）之《资本论》，为一代之大著述，为新社会主义者发明无二之真理，为研究服膺之经典。"在中国思想界，称马克思主义的论著为"经典"者，大约起于此时。①

《近世社会主义》定价大洋一元。最后附录是《社会主义及其党与之重要诸件表》，为研究共产主义运动史提供了126件文稿。同时介绍了15篇重要书目，包含《资本论》和《共产党宣言》等经典。在第二编第一章《加陆马克思及其主义》中，介绍了《资本论》、《经济学之评论》（即《政治经济学批判》）、《自哲理上所见之贫困》（即《哲学的贫困》）、《英国社会劳动之状态》（即《英国工人阶级状况》）等。该书还介绍了以《资本论》为主要内容的马克思主义政治经济学，如劳动价值、劳动力价格、剩余价值、资本的来源等，并以生产力与生产关系之间的矛盾运动论证了资本主义生产方式的存在、发展和必然灭亡的规律。

重要参考书目列出了下述一些著作：

《达乌松俾士麦与国家社会主义》

《达乌松非法利益的增加》

---

① 邱少明：《建国前马克思主义经济学经典译介的脉络辨析》，《吉林工商学院学报》2012年第1期。

第四章 《近世社会主义》的译介与接受

《布利斯社会主义提要》
《卡轲布社会主义历史》
《夷里经济学诸论》
《夷里近世法、德的社会主义》
《亨利、乔治进步与贫困》
《亨利、乔治社会问题》
《卡尔·马克思资本论》
《谢费尔社会主义的本质》
《谢费尔社会共和主义不可行论》
《谢费尔劳动保护的理论及政策》
《斯塔布斯土地及工人》
《缪列尔近代政治史》
《瓦莱斯土地国有论》
《乌兹英国的社会运动》
《魏布英国的社会主义》
《达乌松德国社会主义与拉扎莱》

从对这些书中出现的地名、人名的读法上分析，本书作者对法文和德文不通，似乎是个懂英文的人。

第三节　译作对中国近代社会转型的影响

从根本上说，译著是对原著用汉语重新进行思考的结果。这样的作品具有很高的思想价值，它不仅引入了一种异质思想，更丰富了汉语思想。这种思想转换是用异质的思想来丰富本民族的思想。翻译本身就是思想的转换，好的翻译家是卓越的思想者。翻译深切地关系着思想。①晚清时期对西方政治、经济和社会科学著作的大量翻译，在一定程度上推动了当时的社会改良。这使得翻译在当时的社会地位大幅度提高。②

王克非曾经指出为什么晚清社会欢迎这批译书。至少有两个原因。第一，当时民智未开，对新事物新思想非常渴望，而译自西文的书籍为数不多，读

---

① 聂敏里：《谈谈西方哲学经典著作的翻译》，《中国社会科学报》2015年3月4日。
② 黄立波、朱志瑜：《晚清时期关于翻译政策的讨论》，《中国翻译》2012年第3期。

者没有太大选择。第二，这批译书中，并非全为"草根木皮，冻雀腐鼠"，对清末社会而言，实是"卫生良品"，尤其以教育、法政、社会经济、哲学宗教等普通程度书籍最明显。这些著作大都经过日本学者斟酌日本社会情况，融汇东西学理，贯通古今思想而写成，而且以实用为目的，因而适合当时中国社会的需要。①

《近世社会主义》中译本的出版，对在戊戌变法和义和团运动失败后探索救国救民道路的先进中国人曾经产生了一定的影响。当时先进的知识分子尽管没有因为《近世社会主义》等译著的出版而马上接受马克思主义，但是这批著作确实打开了人们的眼界，给中国纷繁复杂的日趋革命化的思想界带来了一股科学社会主义的清新空气。1927年初期，正当大革命高潮时，上海时代书店将它重印出版，曾对当时的革命斗争起到了一定的鼓舞作用。

一、翻译为资产阶级知识分子提供了思想营养

王悦晨认为翻译作为一种社会活动，往往产生推动社会变革的作用，这是由于翻译给目标文化带来了新知识，而新的知识能帮助建构权力，从而产生改变社会的力量。阿瓦雷兹与维达尔合编的《翻译，权力，颠覆》和铁木志科与根茨勒合编的《翻译与权力》，就反映出了翻译所特有的社会效应：翻译传播知识，知识建构权力，权力产生颠覆的力量。翻译活动中的文本选择和翻译或改写，体现了译者对文本、目标社会和源语社会的认识和态度，而这一主观认定又会进一步影响译者的翻译运作，最终，裹挟着译者社会态度的译本被投放于目标社会，影响目标读者的解读，而读者的解读也是能动的、具有创造性和建构性的。正因为如此，当异域的文本通过翻译进入一个新的社会之中的时候，其可能产生的意义往往难以预测，所产生的效果则往往不同于原文在源语社会中的效果。②

马克思学说从进入中国最初就被直接纳入目的语既有的思想体系，开始了其译介本土化的进程，引发了后来对马克思主义思想及学说的译介热情和大量讨论。

晚清翻译主体是资产阶级知识分子，译文间接来自译自他人的作品，但

---

① 王克非：《翻译文化史论》，上海外语教育出版社1997年版，第233页。
② 王悦晨：《一场由翻译触发的社会运动：从马礼逊的圣经翻译到太平天国》，《中国翻译》2013年第3期。

是翻译源头主要是日本的社会主义著作,不但译介数量大而且翻译反应速度很快。资产阶级对于翻译和选择具有更为明确的目的,倡导改良运动和民主革命,根据翻译主体的需要进行内容选择和意义建构,将其纳入译者自由的思想范畴,从而推进翻译主体思想诉求的传播。

马克思主义在中国首先是作为一般外来新思潮在那些为谋求国家的振兴和发展的先进知识分子中发生影响的。在19世纪末20世纪初,马克思学说已经由一般知识分子和革命民主主义者传入中国了。只是由于社会历史条件的不成熟和最初传播马克思学说的人们本身的局限性,马克思主义在中国影响的范围还不是很大,人们对它的理解也不甚深入,更谈不上发挥实践的作用。但是这种早期的马克思主义传播却为马克思主义及其哲学在后来大规模和实质性的传播中起了某种思想先导作用。①

二、翻译为资产阶级革命提供了理论借鉴

近代的翻译活动伴随中国人民的民族独立和人民解放斗争迅速兴起、蓬勃发展,对中国近代政治、经济、科技、教育、思想、文化以及整个社会的变革产生了重大影响。

1911年辛亥革命之后,社会主义学说在中国的传播得到进一步的深入和发展,形成一种以资产阶级革命派为主体的宣传、介绍社会主义的思潮。首先,许多杂志开始热情介绍和宣传社会主义学说,如《东方杂志》从1911年11月开始连载高劳所译的日本社会主义者幸德秋水所著的《社会主义神髓》一书,后又发表《论各国社会党之势力》、《德国社会党之胜利》、《劳动界之新革命》等文章;《新世界》从第6期起开设了"社会主义问答"一栏,宣称"凡我同党同胞倘于社会主义有疑义者",可函问,报社"当竭其所知以为答"。1912年6月,《新世界》第2期刊登一篇题为《社会主义大家马儿克之学说》的译文,在中国第一次将马克思学说作为社会主义理论的主要代表而加以赞扬。此后,该杂志还译载了恩格斯的《社会主义从空想到科学的发展》(时译为《理想社会主义与实行社会主义》),这是该书在中国最早的译本。其次,出现了一批各种名目的"社会主义"政党和小团体。如江亢虎的中国社会党、刘师复的晦鸣学舍、中华民国工党、社会党、无政府共产主义同志社、心社等。这些团体实际上宣传的并不是马克思主义,而是无政府主义或者其

---

① 丁祖豪:《20世纪中国马克思主义哲学》,中国矿业大学出版社2002年版,第10页。

他小资产阶级社会改良主义,但是,在当时的社会历史条件下,他们的宣传活动对于传播社会主义学说起到了一定的作用。只是随着马克思主义在中国的传播,他们开始发生分化,有些成为反对马克思主义的组织了。最后,国外各种各样的社会主义流派相继介绍到中国,形成民国初期社会主义流派纷繁的局面。据统计,此时传入中国的社会主义流派达十余种之多。如国家社会主义、无政府社会主义、理想社会主义、集产社会主义、基督教社会主义、均贫富社会主义、破除个人之社会主义和辖治个人之社会主义等等。

在这一时期,不可否认的是由于当时的中国还不具备传播科学社会主义的社会条件,由于这些零星的对科学社会主义的介绍并不完全正确,因此很难说是科学社会主义的正式传播。①

本章总结了社会主义学说在中国初步宣传的时代背景和传播的内容,宣传的主体是资产阶级革命派。本章介绍了《近世社会主义》译介的背景、译者和内容,分析了部分译介的中日文本,简析了译作对近代中国社会转型的影响,主要包括为资产阶级知识分子提供了思想营养以及为资产阶级革命提供思想基础和理论借鉴。

---

① 侯才、王伟光:《社会主义通史》(第三卷),人民出版社 2011 年版,第 401—402 页。

第五章　《近世社会主义》中术语的译介

本章以价值、剩余价值、社会主义、无政府主义等为考察对象,考察了译作对术语的译介。翻译带来的新词担当了传播新思想的重任,不仅推进了语言的革新,更推动了新旧思想的更迭。

直到近代,由于公元后几百年佛教由印度传入中国,汉语词汇中才出现了一些新造词。到了近代西方文明大量进入中国以后,中国人才第一次感到有必要为他们的语言补充新词汇,以借助它们理解和掌握那些来自西方自然科学、技术、经济、政治和社会科学领域的思想和概念。语言不仅是文化的载体,更具有独立的生命力和精神。不仅输入了新思想,更带来了新的词汇系统。

自明朝以后,偏重翻译西书,尤其是英文书。但甲午之后,直到今天为止,中译日书成为中国译业重要一环。尤其从甲午到民元,中译日书的数量是压倒性的。这批译书在输入新思想新事物的同时,又使一大批日语词汇融汇到现代汉语,丰富了汉语词汇,而且促进汉语多方面的变化,为中国现代化运动奠定了不容忽视的基础,也为近代中日文化交流开辟了康庄大道。①

在西学东渐过程中,翻译人员意译、音译或借用了大量的新名词、新术语,这些词语经过社会的使用、选择、过滤,有的稍纵即逝,生命短促;有的获得认可、保留,被融入汉语中,成为汉语词汇的一部分。对现代汉语词汇影响最大的是汉译日文书籍,输入量最大的阶段是晚清。由于日本是汉字文化圈的成员,日文中的汉字最早是从中国学的,日译西书所用的词汇,中国译者大多一看就懂,不用转译。在翻译日文书籍时,也就原样照搬。日译新书狂浪排空般涌来,日译新词也就水银泄地般渗入。②

马西尼在《现代汉语词汇的形成——十九世纪汉语外来词研究》一书中将19世纪中国书刊中的新词分为六种:本族新词(19世纪创造的真正的新词)、音译词、意译词、仿译词、来自日语的原语借词、来自日语的回归汉字

---

① 王克非:《翻译文化史论》,上海外语教育出版社1997年版,第234页。
② 熊月之:《西学东渐与晚清社会》,中国人民大学出版社2010年版,第544—545页。

借词。

第一节　马克思主义及相关术语的译介

马克思主义术语在汉语中的历史相对年轻——20世纪初马克思主义思想开始在东亚立足时，它才开始产生。但这一历史过程是融入现代汉语的科学与政治词汇的整体发展历史之中的。科学（自然科学和社会科学）与政治领域的现代词汇的形成是在中国随着西方新概念的传入而开始的。

日语词汇开始对汉语产生影响并大规模出现日语借词是在甲午战争前后。1895年黄遵宪《日本国志》的出版，以及1896年《时务报》的发行起到了巨大的推动作用。由于中国传统学术尚未形成系统的、理论化的知识体系，缺少西方近现代学术的科学研究方法和严密的思维方式，这使得中国传统学术话语体系中的现代术语尤为匮乏。①

从历史上看，马克思主义进入日本的时间早于中国。中国最初接触马克思主义的知识分子群体大多留学过日本。他们正是在日本，而且是通过日译本和日本进步人士的宣传，才开始注意并了解马克思主义的。大量共产主义理论术语正是由他们从日本带回中国，也就是说许多共产主义理论术语实际上先有日语译文，再被直接拿进汉语。②

马克思主义的文本视界与中国的马克思主义理解者的视界相互融合，其结果产生了一个新的视界。在这个新的视界中，马克思主义的一系列重要范畴不断被翻译成中国人可以理解和接受的汉语语词，由此形成表达马克思主义理论的汉语范畴体系，或者说马克思主义中国化的范畴体系。这在马克思主义中国化的历史进程中具有至关重要的意义。因为马克思主义是外来文化，它与中华民族文化在语境上存在较大差异，只有将马克思主义的有关概念翻译成中文，中国的共产主义者才能学会马克思主义的思想范畴，中国人民才能接受和掌握马克思主义，才能把马克思主义与中国实际相结合，才能实现马克思主义中国化。

根据笔者的统计，《近世社会主义》译介的马克思主义及相关术语包括如

---

① 张景华：《论清末民初的译名统一及其学术意义》，《上海翻译》2014年第1期。
② 王东风、李宁：《译本的历史记忆：陈望道译〈共产党宣言〉解读》，《中国翻译》2012年第3期。

下：国际的劳动者同盟、无政府主义、社会民主主义、国家社会主义、基督教的社会主义、专制、参政权、平等权、政治的之革命、殖产社会、遗产相继制、共产主义、法律、警察、议会、政府、专制政体、代议政体、生产机关、财产私有制、讲坛社会主义、共和政体、乌托邦、渐进的社会党、破坏的社会党、社会主义、同盟会、宪法、国会、制造家、资本家、劳动者、自由民权、四民平等说、财产共有说、土地私有制、社会契约论、权利、法制、兼爱主义、仲买人、共同家屋制、合资会社、小制造家、自由竞争之主义、职工组合、余剩价格、使用价格、交换价格、资本、市民、同业组合、地代、代议政治、选举制、中级社会、预备政府、天赋人权、市场价格、直接选举、直接立法、税率、间接税、专卖法、铁道国有、疾病保险法、灾害保险法、手数料、扶助料、扶给料、仲裁裁判局、代议士、养老金、定额料、保险切手、受取账、利息地代利子、请负组织、八时间之劳动制、中央集权的公有主义、单税主义。这些数量庞大的新词承载的观念也输入到中国，对中国文化和思想产生了不可估量的深远影响。

《近世社会主义》第三和第四章提到了大量西方社会阶层和角色以及社会主义代表人物和文献以及政策措施。20世纪最初10年间出版的有关社会主义和马克思主义的文章和书籍几乎都是译自日文或者是在日本出版的，说明当时日本是这方面知识的唯一来源。俄国十月革命前夕，中国人开始直接从俄语、德语、英语等翻译马克思恩格斯原著，尽管如此，翻译时参照日译本的情况仍比较常见，术语的借用方面主要考虑的还是借用日文术语的可能性。①

第二节　《近世社会主义》译介的术语个案考察

马克思主义文本如何能被中国人理解，面临着如下问题：马克思主义文本诞生于19世纪中叶，如何跨越时间距离对它做出本真的理解并将其应用到解决中国的实践问题。马克思主义文本主要是用德语、法语、英语、拉丁语和希腊语等欧洲语言写成的独特的话语系统，因此要理解、应用和发展它还必须克服语言距离。在译介的实践中，马克思主义文本必须能够转化成中国

---

① 朱京伟：《马克思主义文献的早期日译及其译词》，载冯天瑜、刘建辉、聂长顺编《语义的文化变迁》，武汉大学出版社2007年版，第384页。

人能够理解的马克思主义文本用来指导中国的实践。

中国在近代科学领域全面落后于日本,有一大批出自古汉语的旧有词,都是日本人在对译西方概念的过程中,首先把它们作为专业术语运用到科学领域中来的。中国的马克思主义拥护者大多都是在接受马克思主义思想内容的同时,也被动地接受了表达马克思主义基本概念的物质的语言形式。很多表达马克思主义概念的词语都是由日本学者、翻译家和政论作者在明治初期创造出来的,这批词语是日本接受西方思想趋势过程里新产生的政治和科学专门术语中的一部分。另外一些表达马克思主义概念的语言形式是19世纪中国汉语词汇继承的古汉语中的词汇形式;不过,只是在日语接纳了它们之后并赋予它们以新的含义或补充以含义——大多是在明治初期——它们方才真正成为政治学以及科学语言的专门术语,并且被用以发挥马克思主义思想体系中的专门术语功能;而后,这些词语又带着它们的新含义从日语中被"反借回"了汉语(比如"思想"、"资本"和"人民"等)。①

一系列从日语里又被借用到汉语中的马克思主义术语,其语言形式发生了变化。由于中国的共产主义运动形式特征,中国马克思主义者语言中的几个术语,同具有苏联列宁主义特色的马克思主义相应术语相比,有着内容和功能上的变化和发展(如:革命、矛盾、人民和农民等)。②

下面我们主要讨论马克思主义重要范畴与汉语词汇的对接和语义转换。

一、"价格"、"交换价格"、"使用价格"和"余剩价格"③

由卡尔. 马克思发展起来的价值理论是马克思批判资本主义制度的出发点。马克思这种理论的基础是,它清楚区分了"价值"、"交换价值"、"使用价值"和"剩余价值"这几个概念。为了能够把马克思政治经济学的基本观点翻译成日语或者汉语,必须首先创造价值理论的专门术语,即必须首先找出日语以及汉语词汇来表示上述价值理论的基本概念。

---

① [德]李博:《汉语中的马克思主义术语的起源与作用——从词汇-概念角度看日本和中国对马克思主义的接受》,赵倩、王草、葛平竹译,中国社会科学出版社2003年版,第413—414页。
② [德]李博:《汉语中的马克思主义术语的起源与作用——从词汇-概念角度看日本和中国对马克思主义的接受》,赵倩、王草、葛平竹译,中国社会科学出版社2003年版,第413—414页。
③ 按照译著中使用的原词。

第五章 《近世社会主义》中术语的译介

从现有的文献来看，明治时期日本人曾经使用过两种方式来表达西方的"价值"这个概念："价值"和"价格"。两个词中都含有"价"这个语素。第一个词的第二个语素是"值"，它的含义也是价格或者价值；第二个词的语素"格"可以理解成"符合"、"同等"、"相似"。有关马克思主义价值和剩余价值理论的第一部中文文献是1903年发表的翻译作品《近世社会主义》。这里所用的术语是"使用价格"、"交换价格"以及"余剩价格"。"价格"是由日本人自己创造的。明治末年，人们对其进行了语义方面的重音转移，从而使它的含义变为"价钱"。①

马克思的价值理论学说在日本早期的社会主义文献当中就曾经出现过——虽然有时候日文的表达方式还并不太确切，这些文献一直都把"价格"作为"Wert"的对等词使用。在马克思的政治经济学里，"使用价格"被理解成为一件事物的物理特性，因为有这种物理特性，这件事物就对人们有用，而"交换价格"则是指作为其内在价值的表现形式或者表达方式的商品交换比率。交换价格继续被描述成"一种产品与另一种产品相交换的比率"，这种交换比率是"为生产这种产品所使用的劳动的比率"。②

《近世社会主义》所使用的术语是"使用价格"、"交换价格"以及"余剩价格"。在此之后，中国马克思主义政治经济学方面的出版物出现了较长一段时间的空白——李博认为这说明，当时中国人对马克思主义文献里所描述的事物缺乏足够的兴趣，而且他们当时还没有切身经历资本主义发展的种种问题。

从福井准造的《近世社会主义》的"自序"中可以看到，作者了解社会主义是防患于未然的动机，这与当时从事社会主义运动的革命派的积极态度是完全不一样的。本书有4编20章，其中介绍马克思学说的内容集中出现在第2编的第1章，标题为"カールマルクス及び其主義"。内容分为两节，第1节的标题为"其履歴"，用11页的篇幅介绍了马克思的生平。第2节的标题为"其学説"，用23页篇幅介绍了《资本论》中的价值论、

---

① ［德］李博：《汉语中的马克思主义术语的起源与作用——从词汇－概念角度看日本和中国对马克思主义的接受》，赵倩、王草、葛平竹译，中国社会科学出版社2003年版，第300页。
② ［德］李博：《汉语中的马克思主义术语的起源与作用——从词汇－概念角度看日本和中国对马克思主义的接受》，赵倩、王草、葛平竹译，中国社会科学出版社2003年版，第300—301页。

资本的性质和历史唯物主义等主要观点。在术语方面，本书没有用当时比较多见的"剩余価格"，而改用"余剩価格"，表明马克思主义术语在当时很不稳定。

随着1919年"五四运动"之后对社会主义和马克思主义的兴趣的产生，中国的知识分子们才开始研究马克思的政治经济学。至于为此而需要的术语，人们则全无例外地照搬了日文文献。从此以后，这些术语就成为了中文马克思主义政治经济学范畴里的标准术语了。①

二、社会主义

1901年5月的某日，日本第一个全国性的社会主义政党——社会民主党宣告成立，但旋即被政府强令解散。然而，早在该党成立以前，日本人对社会主义已感兴趣，其广度远远超过中国。

李博曾经在他的专著中比较系统地考察了"社会主义"的来源。

"社会主义"和日语的"社会主義"是明治时代的产物。从那个时代初期的二三十年的日语著作中可以看出，对日本造词者来说，造出西方概念"社会主义"（socialism）的日语对等词并非一气呵成。由于英语的"socialism"与"society"的词源相同，他们开始尝试时就朝着这个方向，从"社会"一词中派生出要造的译名。

早在明治早期，"shugi"一词（加或者不加修饰语后缀"no"）附于其他词根之后，用以说明所指的事物是一种理论或主义的用法已经司空见惯。

"Shakai-shugi"（"社会主義"）作为"Sozialismus"（社会主义）一词的对等词直到19世纪80年代才占据优势。在当时语言中主要作为后缀似的构形成分附于其他词根之后，相当于西方语言中的"ismus"或"ism"的"shugi主义"在20世纪初的日本和中国经常充当独立的词。其含义是"原则"、"学说"。

社会主义者（社会党 shakai-to）是指拥护社会主义（社会说 shakai-setsu）的人。在他们的理论中，首要的主义就是取消财产私有制，将其转为公有财产。

---

① [德] 李博：《汉语中的马克思主义术语的起源与作用——从词汇-概念角度看日本和中国对马克思主义的接受》，赵倩、王草、葛平竹译，中国社会科学出版社2003年版，第303页。

第五章 《近世社会主义》中术语的译介

1903年出版的首部汉语日语借词词典首次尝试对"socialism"进行定义。编纂者对这一词语定义如下:

"废私有财产,使归公分配之主义,谓之共产主义。一名社会主义。"

(《新尔雅》,64)

"社会"一词的发展是说明最初的汉语句法组合是如何在汉语语言发展的过程中逐渐变为词,扩展了含义,并在现代经过形态化过程,改动原意后充当西方术语对等词的典型例子。"SHUGI"是一个日语新词,后来中译为"主义",意指"基本原理",用于翻译欧语中的后缀"ISM"。"Sha"(中文的"社")是古字。这个字由两部分构成,左偏旁示神事意,右偏旁是表示土地的符号。这样,"社"字就与土地及基于土地的村社有着密切的联系。与表示会议的"Kai"(中文的"会")字相结合,就成了"社会"一词,有乡间集市或村社集会的含义。因此,日本学者加藤弘一及其同事在翻译"Socialism"时采用"社会主义"一词,真是恰如其分。"社会主义"——所有东亚语言中"Socialism"的标准译词,保留了它起源于农村公社的痕迹。①

"社会主义"一词,由于英语这个词的后缀"ism"有难点,传教士们倾向于添上"之说"。现在这个词尾已用"主义"来代替,而"主义"是日语"Shugi"的汉语说法。曾被传教士译作"群"或"人群"的"Society",则被"社会"一词所取代。这样,"人群之说(Socialism)"及"均产之说(Communism)"便分别变为"社会主义"和"共产主义"。事实上,这些词虽然能理解,但它们的外语含义却十分精确和具有科学性。

"主义"比较容易地将西学术语翻译成汉语,并且能比较准确地体现原文的术语内涵,尽管当时的读者觉得有些晦涩难懂,然而对照历史的变迁,这些译名已经成为汉语中的常用词。

《近世社会主义》(1927)指出了"社会主义"一词的由来:

"英国1835年,当时英国之创立社会党洛威托拿夷组织各种族

---

① [美]伯纳尔:《一九〇七年以前的社会主义》,丘权政、符致兴译,福建人民出版社1985年版,第60—61页。

团体,其谈论之时,开始使用"社会主义"、"社会党"等名词于文字中。其后法国人列布题所著《近世之改革》书中广泛议论沙希贺卜厘陆等的学说,每每采用此语,逐渐传入欧洲诸国,于是各国都沿用它们。"①

汉语术语"社会主义"首次出现于1896年的《时务报》。梁启超在由他1898年创刊、在横滨发行的杂志《清议报》上使用这一日语借词。1896年,梁启超南下上海,在那里主编维新派最重要的刊物《时务报》。次年春天,他返回北京,协助康有为展开维新变法运动。整个运动期间,他写了大量有关西方思想的文章。梁启超的思想来源于三个重要的方面:康有为、李提摩太(梁的私交)、《万国公报》和日本人。这些影响,从他翻译西方专门名词所用的词中可以看得出来,在他的早期著作中,西方的专门名词主要是从《万国公报》中吸收的。但是,此时《时务报》仍旧使用中译的日语专门名词。这种做法在梁启超逃往日本后刊行《清议报》以及《新民丛报》时还在继续,直到约在1903年这些专门名词被同化为汉语的成分为止。通过这个过程,日语的专门名词实际上完全取代了所有由传教士、严复及其他作者杜撰的新词。②

同样是在1903年,中国读者,至少是他们中那些住在中国通商口岸或者旅居国外者,首次有机会较为详细地了解西方和西方社会主义的不同类别。原因在于,这一年出版了三本论述西方社会主义和社会主义运动的日语书的汉译本。它们汉语版本的题目分别是《近世社会主义》、《社会主义》和《社会党》。这些译文在术语选择上自然紧密依照日语原著,为创造和规范说明题材所需的术语做出了重大贡献。1903年以后,"社会主义"和"社会党"等概念成为汉语政治词汇的固定组成部分。社会主义理论就是欲按照它自己的目标来改造西方和东方历来存在的人间社会(ningen shakai)的理论。

随后,在人们开始将马克思主义原著译成汉语之时,"社会"作为德语"Gesellschaft"一词的对等词已经稳定下来。1904年《共产党宣言》日译本

---

① [日]福井准造:《近世社会主义》,赵必振译,时代书店1927年版,第14页。
② [美]伯纳尔:《一九〇七年以前的社会主义》,丘权政、符致兴译,福建人民出版社1985年版,第76—77页。

的《共产党宣言》中译本第一版中,"社会"是"Gesellschaft"一词的标准对等词。后来数年中,"社会"这一术语明显占据了优势。1905年,孙中山"同盟会"的拥护者也吸取了"社会"这一术语。中国知识分子对社会主义、社会民主主义和马克思主义的兴趣随着《民报》杂志1905年10月的成功创刊而激增。

三、无政府主义

在西方,无政府主义是近代社会的产物,但其思想渊源可以追溯到久远的古代社会。无政府主义一词来源于古希腊文"Anarchia",原意是"无权力、无秩序的状态",因此"无政府"是指没有统治者的社会。早在古希腊时期,一些意志自由论者就曾经提出,作为道德的存在,人在没有统治者存在的情况下,能够生活得更好。后来在文艺复兴和宗教改革时期,特别是在启蒙运动和英、法革命时期,基督教神学异端对这种观点在哲学上作了更为详尽的论述,一些思想家曾经从自然法的理论出发,把未来社会设想成没有国家权力和权威压迫的合乎自然本性的状态,不同程度地反映了一种否定和限制国家作用的理论倾向。

《现代汉语词典》对无政府主义的解释是:①19世纪上半叶,以法国蒲鲁东、俄国巴枯宁等为代表的一种小资产阶级的政治思潮。否定在任何历史条件下的一切国家政权,反对任何组织、纪律和权威。曾译作安那其主义。②指革命队伍中,不服从组织纪律的思想和行为。①

从18世纪后半期至19世纪前期,席卷欧洲的工业革命,使许多国家的小私有经济遭到了猛烈的冲击。那些占人口很大比重的小农和城市手工业者饱尝了资本主义发展所带来的苦难,日益陷于破产的困难,因而对一切都投以仇恨的目光,最后成为无政府主义思潮产生的阶级基础。在这种情况下,他们把遭受的种种社会祸害归罪于国家的强权作用,试图通过反对任何形式的政治权威和社会强制,来保存自己的财产和生存。同时,他们深信只有在无政府状态下,才会出现一个没有剥削和压迫的、个人绝对自由的"太平盛世"。从他们强调个性的价值和反对政府的态度来看,与19世纪的自由主义有着密切的联系;从他们对任意剥削劳动力的私有制度所表现出来的厌恶来看,又择取了社会主义的思想成分。可以这样说,无政府社会主义正是把这

---

① 《现代汉语词典》(第五版),商务印书馆2005年版,第1442页。

 晚清首部国人译介的社会主义著作的翻译史考察

两者融为一体的一种社会主义思潮和流派。

19世纪40年代至50年代是早期无政府主义的形成时期。在这一时期,对无政府主义做出重要贡献的有德国的施蒂纳和自称为无政府主义者的法国政治思想家P蒲鲁东。

《近世社会主义》的第三编第一章集中译介了无政府主义及其政党的情况,包括无政府主义的施政纲领和俄罗斯无政府党的情况。指出无政府主义是"极端的破坏主义"。"无政府主义"在中国首次使用的时间是1903年。

书中给出了无政府主义的定义(文本之后是对应的页码)①:

原文第261页:

　　社会の現制度に反対すると社会主義に等しく、貧富平均を希望すると社会主義の如く、階級特権及び財産制に対する観念も亦或る一派の社会主義が唱道するものに酷似して、共産及び共有の度制を主張し、而も一切中央政府の干渉を無用なりと排斥し、以て之が絶滅を唯一の目的とせる一派の論者あり、世之を称して無政府主義と云ふ。

译文第178页:

　　与社会现制度反对之社会主义等,如希望贫富平均之社会主义,与对阶级特权及财产制之观念,皆为一派之社会主义,大致有相似者,若主张共产及共有之制度,而排斥一切中央政府之干涉为无用,必绝灭之而后已。其唯一之目的,盖注于此。世遂称之为无政府主义云。

《近世社会主义》指出无政府主义的特征是暴力。以下是日汉版本文本的对比。从中我们可以看出对无政府主义性质的阐述。

例1

　　更に過激なるものに至りては、全然社会の現制に反抗して、

---

① [日]福井准造著:《近世社会主义》,有斐阁书房1899年版。译文的出处是由赵必振译的,时代书店1927年版。以后文中的原文和译文出处皆同。

第五章 《近世社会主义》中术语的译介

法律、警察、議会、政府等凡て社会の諸機関は、挙げて之を絶滅せんことを主張し、現社会の制度を一掃し尽して初めて萬民の福利を増進し得べきを説く。財産の絶対的平等を目的となし、公有主義派の主張する議論を察せば、前者に比して多少温和の傾なきにあらず。9—10

反抗社会现有之制度，法律、警察、议会、政府等机关要灭绝，一扫现有社会制度而增进万民之福利，一切平等。以财产之绝对的平等为目的，以公有主义派之议论为主张。6—7

例2

凡ての政體凡ての官吏及び凡ての法律は人間の自由を束縛さるものを以て、全然之を社会より排除すべく。268

凡政体官吏法律皆为束缚人间之自由，必全然排除于社会。183

例3

一言すれば無政府主義は現組織に対する極端なる破壊主義にして社会に於ける制度、文物、階級、特権及び其政府すら、凡て一切之を破壊全滅して、以て其目的を達せんとせり、即ち彼等は斯の方法に依らざれば、社会の改良も、自由の伸暢も貧富の平衡も、到底之を実行し難きを信ずるが故に、過激疎暴の手段に依りて、現制組織に極端の打撃を加へ、時に或は秘密的結社を造りて、放火暗殺の非行を企て、爆裂弾と刀剣とは常に彼等の利用する所となり、認めて以て社会の公敵なりと思惟せる高官貴人を殺戮し、帝王皇妃の其襲撃に遇ふもの事例甚だすくなからず、狂暴斯くの如くなるが故に、社会は其過激の挙動に戦慄し目して以て安寧秩序を紊乱するものなりと思惟するに至れり。262

无政府主义者，一言以蔽之，其对现组织则主极端之破坏主义，于社会之制度、文物、阶级、特权及其政府，一切皆破坏而全灭之，以达其目的，然彼等之方法，而欲社会之改良，自由之伸畅，贫富之平衡，终难实行，故用过激粗暴之手段，于现社会之制度，加一极端之打击，或造秘密的结社，以企放火暗杀之非行，暴裂弹与刀剑等，常为彼等之利用，甘为社会之公敌，以杀戮显官贵人，袭击帝王妃后，种种之暴动者不少，其狂暴如此。颇为紊乱社会之安宁秩序云。178—179

例 4

　　暗殺を以て社会進歩の好手段なり。277

　　以暗杀为社会进步之好手段。189

例 5

　　百枚の投票は寧ろ一挺の銃砲に加かず。278

　　百人之投票不如一人之筒炮。190

例 6

　　所謂無政府党なるものは孤立援なく、獨り下層の賤民を挑發して切りに禍害を国家に加へ安寧を妨げ秩序を乱だし、疎暴狂乱以て得たりとなすも、彼等の所謂自由平等てふ最極の目的は、到底之を達するの期なく、徒らに乱臣賊子の汚名を残して其終焉を告ぐべき而已。79

　　所谓无政府党者，孤立无援，独自挑拨下层之贱民，加祸害于国家，妨其安宁，乱其秩序，以成其疏暴狂乱之举，彼等所谓自由平等最极之目的，终无能达之期，徒自取暴乱之污名，以自暴其身而已。191

1902年到1904年，出版了许多有关无政府主义的书籍。"无政府主义"开始取代作为激进分子行刺的专门名词"民粹主义"及"恐怖主义"。

1907年以后，《民报》中介绍社会主义的文章变少了，而介绍无政府主义的文章变多了。根本上讲中国的无政府主义运动是由当时的社会和政治气候，清朝最后的中央集权制政权的最终倒台引起的。1907年至1911年，甚至一些先进的中国知识分子认为无政府产主义是社会主义的精髓，可能是受到了《近世社会主义》的影响。

四、基督教的社会主义

公元1世纪，基督教在古罗马帝国诞生，它曾经反映了奴隶和贫民对奴隶制度的反抗。在专制制度下，基督教曾经激烈反对过私有制、国家及聚敛财富，提倡过行善、禁欲和修道，力求实现平等，解脱奴役和贫困。19世纪初以来流行的社会主义学说同这些主张有某些相似之处，因而空想社会主义者圣西门晚年曾把他对未来社会的设想称为"新基督教"。他死后，门徒B安

第五章 《近世社会主义》中术语的译介

凡丹等人也竭力想按基督教教义来建立公有制社会。法国共产主义"最喜欢的一个公式就是：基督教就是共产主义"。他们竭力想用《圣经》，用最早的基督徒过的就是公社式的生活等话来证明这个公式。① 于是，当社会主义思潮在西欧社会普遍流行时，把基督教社会主义化或者把社会主义基督化，不失为一种新的发明。随后在法国、英国和德国风行一时，出现了天主教社会主义、新权社会主义、英国圣公会社会主义等各种各样的基督教社会主义，并在工人群众中有一定的影响。

基督教社会主义作为社会思潮，最早发轫于19世纪30年代。创始人是圣西门主义者P. 毕舍和"或多或少地倾向于共产主义学说"的神甫拉梅耐。P. 毕舍认为，未来的社会以基督教的出现为开端，而一旦基督教的平等、博爱、慈善三原则应用于社会组织，人类便"走进新的耶路撒冷（天堂）"的时代。他想利用各种手段，使基督教福音弘扬普世，用合作的、和平的方式而无须革命来实现这一点。拉梅耐则鼓吹建立以上帝面前人人平等为原则的新社会。1830年，他创办了《前途》杂志，上面有"上帝与自由"（God and Liberty）的题词，要求绝对的宗教自由。在他看来，由于蔑视上帝的魔鬼力量的存在，才造成社会的种种灾难。只要全社会的人抱定自己的宗教信仰，加上普选权、合作制、人民参政，社会就会得救，而这个社会改革运动应由教会来领导。新社会的基础将会是：上帝是全人类之父，而基督教则是推动人类进步的精神动力。②基督教社会主义者认为社会主义主要是道义上的，而不是科学的。

《近世社会主义》在第三编第五章译介了基督教社会主义的情况，指出法国是最早产生基督教社会主义的国家，又介绍了德国和美国的基督教社会主义团体以及他们的救济政策。译著不仅向国人译介了基督教社会主义这个术语，还让当时的国人对基督教社会主义的施政纲领和指导思想有了比较全面的了解。

第三节 术语译介的影响

中国历时千年的佛经翻译、明末清初的科技翻译以及鸦片战争以后的西

---

① 《马克思恩格斯全集》第1卷，人民出版社1956年版，第583页。
② 徐觉哉：《社会主义流派史》，上海人民出版社2007年版，第36—38页。

学翻译都对汉语产生过推动作用。用于翻译马克思主义基本范畴的语词大都源于汉语，无论是使用经典的汉源原词还是采用独创新词，都做到了既忠实于西文原意，又尽量在古汉语文献中找到相应的出处。在客观上不仅省去了中国学者再次翻译之苦，而从传入中国那天起，给中国读者带来了文化上的亲和力，有利于中国人理解和接受马克思主义。①

直到1919年，中国人对欧洲各个社会主义流派的了解，包括对马克思和恩格斯创立的社会主义学说的了解几乎全部来自日语，或是欧洲语言原著的日文翻译，或者是日语的社会主义著作。郭沫若指出正式马克思主义传入中国之初几乎完全经由日本这一途径：

"还有一个很有趣的现象，即中国民众是从通过日语书籍介绍马克思和恩格斯的中国记者那里听说了马克思和恩格斯。这些书被译成了汉语，于是人们知道了马克思和恩格斯的存在。如果查阅一下文献资料，同样可以得出这一饶有兴趣的结论，即最先介绍马克思主义的是日本知识分子。我本人就是在读 Kawakami Hajime 的书时了解了一点关于马克思的东西。"②

对东亚学生来说，在已对西方科学作过筛选和整理的日本学习、吸收他们感兴趣的科学要素比在这些科学的发源地欧美学习效率更高，也更经济。因为在欧美呈现在他们面前的是一个难以观其全貌的庞大的知识体系。这些译介的术语增强了汉语对西方近现代学术思想的接纳能力，帮助国人吸收了西方现代学术思想并丰富了汉语的语汇。

但是有的研究者③不认同日语借词，认为晚清译者过度依赖日语中出现的汉字，对汉字本身的意义在一定程度上出现了一知半解，译者的翻译活动在实践中并未达到预期效果。借用日本汉字词汇所表达的是不伦不类的、变味的二手"西学"货色。这些词语经过日本的消化和改造之后，已经包含了日

---

① 王刚：《马克思主义中国化的起源语境研究——20世纪30年代前马克思主义在中国的传播及中国化》，华东师范大学博士论文，2009年。
② 摘自郭沫若1955年任中国科学代表团团长时在东京早稻田大学所作的关于"中日文化交流"的演讲。转引自李博：《汉语中的马克思主义术语的起源与作用》，中国社会科学出版社2003年版，第79—80页。
③ 牛道生：《英语对中国的历史性影响》，北京大学出版社2013年版，第103页。

第五章 《近世社会主义》中术语的译介

本民族的精神和思想了。这对中国人来说如同雾中赏花一样,不可能真正体验到西方语言文化思想的真谛,反而束缚了中国人的创新思维活动。

大量日译的后果是极大挫伤了从欧美归国留学生直接翻译英、法、德语等西方原著的积极性和创造性。之后,他们中间不少人也随从日本归国留学生的大流,借用日本现成的汉字固定词汇翻译西方原著,从而放弃了根据中国传统语言文化特点,去探究和独创适合中国人思维特点的最佳翻译选词途径。尽管如此,许多日语借词还是原封不动地保存下来,并且流传至今。

本章重点研究《近世社会主义》译介的术语及影响。

译者借翻译途径为自己的文化引进一种概念系统。从大量有关精神文化、政治思想领域的外来新词来看,翻译带来的新词担当了传播新思想的重任,不仅推进了语言的革新,更推动了新旧思想的更迭。可以说,术语的译介与中国的现代意识是紧紧联系在一起的,促生了中国现代性的转型,而在这其中翻译扮演了中介人的角色。

一个术语就是一部文化史,只有考其源流方能真正把握术语,并透过术语窥探社会文化的变迁。清末之际,随着西方近代学术文化的大规模入华,汉语的固有词汇不足以表述其内涵,新术语便如雨后春笋般涌现。语言的变化,连带着观念形态的变化、思维习惯的变化、文化环境的变化。晚清日译新词的涌入,是一次影响十分广泛、内涵极其丰富的文化传播。①

---

① 熊月之:《西学东渐与晚清社会》,中国人民大学出版社 2010 年版,第 548 页。

晚清首部国人译介的社会主义著作的翻译史考察

第六章 《近世社会主义》的翻译策略与实例分析

本章重点考察了《近世社会主义》的直译、解释性翻译、补译、变译等翻译策略并举例，进行了细致的文本对比分析，研究发现译文的语言体现了从文言向白话文过渡的特征，翻译使句法结构变得精密。

从翻译策略上看，译者采用以直译为主，多种翻译手段为辅调整思想概念和意义建构，彰显了翻译主体在思想传播中的主观操控力。通过考察翻译策略我们可以看到译者为译介这些理论所付出的努力。译作之所以没有广泛流传和影响是因为译者主要采取异化策略，没有为了使概念术语更符合本国语境而过多地进行调整。译者的成功之处在于有些地方选择了补译和释译等翻译策略。

晚清的马克思主义翻译都是节译和摘译，甚至只评介马克思恩格斯思想，而无真正现代意义的全译。思想的翻译与传播之初往往不是有计划的直接和系统的全译，而是始于选择性的引介和节译。从翻译标准来看，这些翻译具有古文特色，有明显的"归化"倾向。

翻译选择受到源文本的限制和译者主观取舍的影响，内容的顺序，译文是否忠实于原文，通过改译、编译、增减译等手段，按照自己的意图选择译介其内容。"译者的翻译策略导引了中国语境下马克思主义思想体系的建构，也决定了马克思主义从进入中国之初就开始了中国化进程。"[1]通过分析翻译策略的选择，我们可以看到译者所付出的努力。

第一节 翻译策略

翻译策略是指翻译过程中的思路、途径、方式和程序。思路与某种宏观理论一脉相承或由翻译经验引发，途径是达到目标的可行之路，方式是达到

---

[1] 方红、王克非：《〈共产党宣言〉在中国的早期翻译与传播》，《外国语文》2011年第6期。

第六章 《近世社会主义》的翻译策略与实例分析

目标的具体手段,程序是达到目标的先后次序。这四个方面相辅相成,互有影响。

译者要向目的语读者解释原文,"他的声音,他的阐释,即译者用另一种文字所表现的文本,对于不懂原作的众读者来说,则是意欲进入原作世界的惟一通道"[①]。翻译常常受到各种因素的影响和制约,译作是多种因素合力作用的结果。译者应当遵循文化协商与合作原则,采用杂合策略,努力促成译语和源语多方面的合作,在以原文为中心和以读者为中心之间进行协调。翻译的目的功能不同,翻译的方法策略就不同,不论何种方法,能否有效实现翻译目的才是翻译的最根本原则。翻译需要巧妙转化和灵活变通。具体翻译策略包括大量增、减、编、述、缩、并、改、仿的变通式翻译,包括摘译、编译、译述、缩译、综述、述评、译写、阐译、改译、译评和仿作。

一、直译

《近世社会主义》以直译为主,保持了原作的行文风格。

例如《近世社会主义》日文原文第 160—161 页:

> カール、マルクスは社会主義の実行者として国際的労働者同盟を創設し、以て社会に雄飛せると同時に、深く其学理を講究して『資本論』を著し、大に学界を聳動して社会主義の為めに確固不抜の学説を定立せし一代の偉人なり、故に吾人は之より進んで彼の学理を探り以て其主義の如何を究めんとす。
>
> マルクスの『資本論』は単に彼が一代の大著述なるに止まらず、新社会主義者が無二の真理として服膺する所一経典なり、彼は従来の社会主義者の如く、叨りに架空の妄説を□[②]べて社会の耳目を動かし、以て虚名を博取せんと欲するものにあら□[③]

译文第 109 页:

---

① 许钧:《翻译论》,湖北教育出版社 2003 年版,第 315 页。
② 此处原文不清晰。
③ 此处原文不清晰。

加陆马克斯创设社会主义之实行,与国际的劳动者同盟以期社会之雄飞,其学理皆具于其《资本论》,大声动于学界,为社会主义定立确固不拔之学说,为一代之伟人。

马陆克之《资本论》为一代之大著述,为新社会主义者,发明无二之真理,为研服膺之经典。彼从来之社会主义者,大都架空之妄说,不过声动社会之耳目,以博取其虚名。

对比两个文本我们发现译者在翻译时候原封不动地照搬了原文中的"确固不拔"、"无二之真理"、"架空之妄说"等等用词。

又如《近世社会主义》日文原文第145页:

第二编第二期之社会主义

独逸の社会主義

英仏二国の社会主義が、空想的学理と、児戯的企図との為めに、全然失敗し、社会主義第一期の全時代をして、全く空理空想の一昔話たるに了らしめ、社会主義の気焰漸く衰へて復た挽回の勢なきに至るや、独逸国中の憂国者は、亦社会改革の已むべからざるを感悟し、相応呼して新社会主義を唱道し、第十九世紀の後半紀に於て、ビスマルクが窮盗強賊として其掃滅に尽力せし独逸の社会党派は、幾多の打撃窘蹙を蒙れるにも係らず、勃然として其運動を開始するに至れり。

译文第99页:

德意志之社会主义

英法二国之社会主义者,为"空想的学理"与"儿戏的企图"。故全然失败。社会主义之第一期全时代,全为空理空想之一夕话而已。于是社会主义之气焰,渐即于衰,有不可挽回之势,德意志中之忧国者,深知社会改革之不能已,相应相呼,而唱导社会主义于第十九世纪之后半纪卑斯马克尽力剿灭其穷盗强贼之德意志社会党受无数之击打窘促,勃然开运动之始。

第六章　《近世社会主义》的翻译策略与实例分析

"德意志社会党"的长定语,"唱导社会主义于第十九世纪之后半纪卑斯马克尽力剿灭其穷盗强贼"遵照原文的行文。我们可以看到,在"空想的学理"与"儿戏的企图"部分原文没有加引号,而译文添加了引号表示强调。这说明译者不是简单照搬原文,而是加上了自己对英法空想社会主义性质的定性理解。

又如原文第 146 页:

前二国の社会主義が、社会組織の不平均甚だしく、貧富懸隔の趨勢著大なるに感じ、之を救済平医せんと企てたるが如く、独逸にありても当時の生産社会に多数の貧民発生し、下級労働者の数著しく増加せるのみならず、英国の如く此等の職工を保護すべき工場条例、職工組合等の設なく、加之生産事業の日に隆盛なるに従ひ、資本の功力益増大せるに反し、独り労働者の労銀上騰せず、僅少の賃銀に衣食して其困窮の状睹るに忍びず、肉食流が奢を高樓の上に盡すも、下層の賤民は営々として旦夕の資に窮するの惨状を目撃し、起て之を救済せんと企つるもの、英仏二国に於ける社会主義の発生と殆ど其趣と同ふせるなり。

译文第 99—100 页:

前二国之社会主义者,以社会组织之不平均,贫富悬隔之趋势大异,感动激刺,欲起而救济平医之,而德意志当时之生产社会,发生多数之贫民,下级劳动者之数,既日增加,乃仿英国设保护此等职工之"工场条例""职工组合"等,加之生产事业日渐隆盛,资本之功力,亦大增加,独劳动者之劳银上腾,仅得仅少之赁银,不能自给,衣食困穷之状,目不忍视,肉食者流酣歌于高楼大厦之上,下层之贱民营营旦夕,而无餬口之资,其惨状不忍目击,有力者乃起而救之,故其社会主义发生与英法二国之不同如此。

"发生多数之贫民"是按照日文原文的直译,不符合汉语语法。
对比附录 4 的文本可以发现,译文大量保留了原文的用词和写作风格。

· 79 ·

黄忠廉指出直译是既传达原作意义又照顾形式且为译语读者所接受的全译策略。①直译的优点是：在吸收外来有益的新因素，在反映异国客观存在的事物和情调上，比意译更能避免主观因素的干扰。在表达形式上无须另辟蹊径即可达到忠实于原文内容的时候，译者自然采用直译。

二、解释性翻译

解释性翻译是从接受者角度要求译文得体、语言流畅（做适当的文内解释）和可接受性（解释特有的文化现象或交待必要的背景）。② 一般用在双语文化或语言差别很大，译入语难于直接表达的场合，采用文内注或文外注。解释性翻译是把要解释的内容融合到译文中去，使译文一气呵成，巧妙传达出原文的含义和风格。进行解释性翻译，译者可以而且应该对原文加工，一般是动三种"手术"。一是"镶补"，即补充国人不懂的背景，通常是加几个字或者最多加一两句话。另一种"手术"可以称为"减肥"。这指的是对堆积辞藻的"美文"进行加工，删节"溢美之言"和"不实之词"。另一种常动的"手术"可以称为"重组"，就是按照外文表达的需要，把原文的句子拆散，重新组合。

在原文中译者认为有必要添加注释的部分在译文中有所说明。例如，《近世社会主义》汉译本第 9—10 页对革命的社会党的解释。绪论部分在对国家社会主义的解说中对需要进一步解释说明的地方做了原文文本中没有的补充，添加了两条译者注。

《近世社会主义》日文原文第 13 页：

> コーロビヤ的社会の顕出を望む理想的社会党あり、現今の制度に改革を施し、人間の公共心、慈善心に依頼し、輿論の力を以て労働社会の改革を希ふ漸進党的社会あれば、又其極端なるものに至りては、苟も血と鉄とにあらずんば、社会の改革は到底望むべからずして、一挺の銃は百枚の投票に勝るべく、嚣々たる議論も一臂の力に加ずず、吾人をして自由ならしむるものは、火薬弾

---

① 黄忠廉：《翻译方法论》，中国社会科学出版社 2014 年版，第 37 页。
② 方梦之：《翻译策略的构成与分类》，《当代外语研究》2013 年第 3 期。

第六章　《近世社会主义》的翻译策略与实例分析

丸の外夫れ何物□^①と絶叫する革命的社会党あり。理想を異にし、手段を異にし、方策を異にすと雖も、厭世的観念を以て現世の頼み難きを説き、極端なる理想の世界を書ひて徹頭徹尾現制破壊を主張する純然たる破壊主義の党輿を除ひては、等しく労働社会の改善を切望し、平等の福利を享有せんことを冀ひ、均一の分配を主張する者たるに外ならず、社会主義の目的は実に其の如きなり。

译文第 9—10 页：

《乌托邦》的社会者，是为理想的社会党。一为改革现今之制度，依赖人间之公共心与慈善心，欲以舆论之力而改革劳动社会者，是为渐进的社会党，又其极端之所至，欲以铁血而改革社会，以一挺而胜百枚之投票（译者注：言执武器而抗议会之意），嚣嚣然而奋一臂之力，以争吾人之自由，以火药弹丸杂血肉之躯而薄之，是为革命的社会党。理想既异，手段既异，方策既异，而其归宿，终亦无殊愤激之极端，同以厌世的观念（译者注：舍身而从事于铁血亦厌世之观念也），而企图理想之世界，彻头彻尾，以破坏现制为主张，纯然而同唱破坏主义，切望劳动社会之改良，而共享平等之福利，以行均一之分配，社会主义之目的，此其大端也。

在上文对两类不同的社会党，即渐进的社会党和革命激进的社会党的说明时，为了更加明确解释其分别采取的措施，译者添加了两处补充注释，使得语义进一步明确。增译表现了译者对原文细节的深刻理解，同时也向读者做了清楚的解释。括号中的补充解释在原文中没有出现，是译者的理解。译者在这里采取了解释性翻译的策略，采用了文内注释。

此外，其他解释性翻译的例子还有：

译文第 22 页：

小制造家（即以手工而自制造货物者）^②

---

① 此处原文不清晰。
② 括号中是译文原文中的注解。

81

译文第 77 页：

把持多数之特权，其于此二阶级（指资本家与劳动者），属以专横压抑为事

译文第 167 页：

质而言之市场价格者，以需要供给之关系，自劳动者供给于其资本主之凭银之额是也。（此时劳动者之生活费其日用之常费以最低之生计为标准依劳动者之人员而增减之仅足持续其生活）

译文第 335 页：
电信银行（有发行纸币之权者）
译文第 17 页：
社会主义者其发生于现世纪（十九世纪）之初。"十九世纪"是补充注释。日文原文中没有该注释。

三、补译

译文中的注释常常使用括号括起来，紧跟在要注释的词后面，这种方式是一种平衡的结果，即译者既要忠实的翻译，又不希望译出陌生的名字或概念令读者费解，往往会采用这种方式。文内注释常见的有两种情况：一种是音译名词的解释，包括人名、地名，还有第一次出现的音译名词，为了不造成误解，加以注解；另一种是对新事物、新概念的解释，这种情况尽管常常以意译的方式出现，但为了理解的方便也会给以注释。

介绍马克思把生产界的变迁分成三个阶段时也有补译的部分。
《近世社会主义》日文原文第 161－162 页：

彼は殖産界の変遷□三種の時期あるを述べ□□①、注釈其第一期手工労働者が自己の資本に依りて各自の生産に従事せる時期にして、資本の□□未だ甚だ盛んならざりしの時なり。その第二期

---

① □□：原文此处不清晰。

第六章　《近世社会主义》的翻译策略与实例分析

に至りて資本者と労働者との間に多少の分離を生じ、資本家は其利益に依り労働者は自己の労銀に依りて生活するの端を生じ。第三期に至るに及んで、大工場の大資本家は工業界に無限の勢力を有し、土地なく、資本なき労働者は名のみの自由を保ちて、空しく労銀の桎梏に繫留せられ、利益の全額は資本主の有に帰し、自己は僅少の俸給に満足する状態にあるの時期にして殖産界の現状即ち個々是なりと。

译文第 110 页：

彼述殖产界之变迁，为三种之时期。第一期为手工劳动者以自己之资本，从事于各自生产之时期，是为资本势力未盛之时。其第二期为资本者与劳动者之间，生多少之分离，资本家依其利益，劳动者依自己之劳银，而为生活之端，是为资本将盛之时。至第三期大工场之大资本家于工业界有无限之势力，于土地则资本与劳动者名为保其自由，实则系□（原文此处不清晰）于劳银之桎梏，其利益之全额，悉归资本主之所有，自己仅得仅少之奉给，而有满足之状态，是为资本极盛之时。殖产界之现状以是三者而分之。

生产界发展的第一个时期是资本势力"未盛之时"日文原文"資本の勢力未だ甚だ盛んならざりの時なり"的翻译，"是为资本将盛之时"和"是为资本极盛之时"，原文中并没有类似的表述，是译者添加的理解和补充说明，根据"未盛之时"的译法，"将盛之时"和"极盛之时"不但对原文理解准确，而且结构上也同样是四字的工整对仗。这说明译者在翻译中并不是单纯转述原文，而是融入了译者的主观评判。

四、变译

为了满足特定条件下特定读者的特殊需求，严复有八大达旨术——增、减、编、述、缩、并、改、仿，都是摄取原作内容的变通策略，这种翻译行为可以命名为"变译"，即按照自己的意图选择性地译介。摄取原作思想，加入其他内容，包括自己的思想，而不是简简单单的输入式全译，输入是原原本本的，而摄取是有选择和取舍的，经过消化吸收和变通的。

为了有效实现翻译目的，译者应根据译文不同语篇的预期功能，灵活选择相应的翻译策略，决定处于特定语境中的哪些原文语篇信息可以保留，哪些必须根据译语语境进行调整，再根据译文读者的需要，或直译，或意译，甚至删减（omission）、改写（adaptation），否则可能会对实现译文预期目的不利。①从文化选择的眼光来看，一字不漏地全译过多过深过难，有时译犹不译，效果适得其反。例如，译作第106页有一首诗没有译出，是译者舍弃的结果，并不影响本体部分的核心思想。在译者看来，这部分内容是在原作中读者所不需要的信息，删减之后并不影响主题的表达，删减之后反而更加突出了主题，从而让读者读到最有用最需要的信息，加快了信息传播的速度。

此外，音译也是译者采用的翻译方式。当源语和目的语之间差异很大、存在语义空白的情况下，翻译不可能直接从形式或语义入手，此时，音译是主要的翻译手段。音译对象主要是人名、地名和新产生的术语。由于音译常受译者方言的影响或选择汉字不同，因而译音词常常不统一。②

例如：《近世社会主义》中"马克思"音译不统一，比如马克斯、加陆马克斯、马陆克、马露克，恩格斯译作"恩格而斯"。③

第二节 译作的语言

一、翻译语言从文言向白话过渡

晚清至五四时期是汉语由古典形态向现代形态转变的时期，翻译语言因而呈现出多元化的格局，其最显著的特点是三种不同语言的运用：文言、浅近文言和白话，并且总的发展趋势经历了由文言趋向白话的演变过程。④《近世社会主义》汉译本的语言以文言为主，向白话过渡。

译者之所以采用这样的语言风格可能基于以下原因。

涂兵兰在《清末翻译语言的伦理抉择》一文中概括了清末的译者有如下

---

① 张锦兰：《目的论与翻译方法》，《中国科技翻译》2004年第1期。
② 方梦之：《翻译策略的构成与分类》，《当代外语研究》2013年第3期。
③ 为什么"马克思"的音译在译作中不统一，现在还在研究中。
④ 蒋林：《严复与梁启超关于译语之争的焦点透视》，《中国翻译》2015年第2期。

第六章 《近世社会主义》的翻译策略与实例分析

的伦理抉择。

伦理抉择一：追求政治理想，使用古文进行翻译

清末有一部分译者采用古文进行翻译以追求自身的政治价值。这部分译者大多是由传统封建士人转化而来，他们属于中国封建社会的精英，与封建君主存在着"权力共谋"的关系，在一定程度上影响着国家的政治，对国家和社会有一种与生俱来的干预情怀。语言是最重要的工具，因此一切古代的文体和民众有很大的距离，这有政治上的必要。因为愈要和人民脱离，才愈显得神秘；愈显得神秘，才愈使人民难于接近而易于垄断。正是文字在知识分子和民众中无形的影响力，使得传统的清末译者仍然坚持古文翻译的立场。

伦理抉择二：追求道德教化，使用文白相间的语言进行翻译

对于清末大多数译者来说，翻译更多地是作为改良民众的"工具"而存在，他们追求翻译对民众的教化功能。作为老师的译者面对的学生读者很多，用文言翻译文本教育文化水平低下的民众，效果并不理想。老师所用的语言如果学生们看不懂，教育的功能就没有达到。因此为了达到自己的教育目标，一些"工具型"译者把文言进行改造，使用比较浅显的文言。

在清末社会转型时期，译者的翻译语言逐渐从典雅而深奥的文言文向浅显易懂的白话文过渡，译者的翻译习惯促进了翻译市场规范的逐步形成。这一方面说明了译者已经关注到了读者的阅读水平以及期待视野，体现了对民众的关怀，另一方面也说明市场经济制约着译者的翻译策略，读者市场的建立使译者越来越关注译文产品的销售，译文语言的使用是影响译本销售的重要因素。①

译文语言风格向白话文过渡是因为中国近代翻译主体的变化。近代翻译的主体是知识分子。此前出现的"合译"方式逐渐消失，多数译者已经走上独立翻译的道路。近代社会政治腐败，西方列强迫使清政府打开了国门，许多知识分子走出国门游学西方，接受更多的新思想和新观点。语言能力的提高，文化知识面的扩大，具有独立翻译能力的人越来越多。社会分层的急剧变化，使得近代知识分子逐渐把翻译当成自己谋取政治、经济和社会地位的专门职业。这一时期本土译者主体性更强，无论是在翻译的选材，对原文的理解、表达，还是翻译方法和策略都有很强的主体意识。

---

① 涂兵兰：《清末翻译语言的伦理抉择》，《西安外国语大学学报》2012年第4期。

作为社会转型期的一代，他们的价值观、生存方式发生了很大的变化，他们的翻译目的已经不再是通过翻译寻求科技知识了，而是试图用翻译改变民众思想，提高民智。①

读者是译本的最终消费者。不管译者出于何种目的，实现什么样的价值观，都无法忽视接受译本的读者。译者把读者放在与自己平等的位置，关心他们的阅读水平、期待视野以及心理需求，在译本中充分考虑译本的文本选择、文本所用的语言以及翻译的方法和策略，因为任何文本都是为了一定的读者而生存的，如果文本失去了读者，它的存在价值也会随之消失。②因此《近世社会主义》在翻译的时候趋向采用广大民众都能接受的白话文风格。

例如，《近世社会主义》行文中"之乎者也"的文言功能词与结构助词"的"并用，向白话文过渡。句子变长了，四字格变少了，译文中出现了大量的"的"字。例如，《近世社会主义》汉译本中出现了"政治的之革命"，第210页"抽象的之论断"、"历史的之方法"、"贫民救助的之方法"。

二、句法结构变得精密

译者在两种语言之间充当中介人，不受外文的影响是不可能的。译者在翻译中受原文语句和表达的影响，在汉语允许的范围内，尽可能地让汉语的句式迁就原文的句式。这样会有意或无意地在译文中留下外国文法的痕迹，较为常见的是状语后置和长定语。直译文法使定语复杂化，结果是定语变长。

长定语在译文中经常出现。按汉语的特点，定语通常较短，字数超过四五个字就会给人以冗长啰嗦的感觉，修饰词也一般只有一到两个，然而译文中定语的字数经常超过十个字。有的时候是一个句子作为定语。英语中有定语从句，法语中有关系从句，跟在名词先行词的后面，日语的名词也可以有很长的前置修饰成分，然而汉语却不具备这样的特征，这样的长修饰成分在汉语中往往是补语，跟在名词的后面，因此如果对位置不加调整，就可能译

---

① 涂兵兰：《从三次翻译高潮看我国译者的翻译伦理》，《外语教学》2013年第4期。
② 涂兵兰：《清末译者与读者关系考察》，《外语学刊》2013年第2期。

第六章 《近世社会主义》的翻译策略与实例分析

出很长的定语修饰成分。①

汉语中原本充当定语的都是单个的词,因此定语都很短。进入20世纪以后,受直译的影响,汉语的定语变得越来越长了,结构也日趋复杂,不仅时常出现一整句话做定语的情况,有时一句话中还包孕着从句,层层叠套。②长定语是翻译腔的一个重要标志。

例如:译文第177页"第二期社会主义……以求社会改革之法,温和急激互异其趣,一派则为疏暴急激之破坏的急进党,一派则为温和着实之渐进的平和党"。

"急进党"和"平和党"的修饰成分变得很长。

此外,译文的日文习气也相当普遍。用"之"字译"の"来连接所有的主词和修饰语是翻译日文常见的处理方式,译者往往无论修饰语是长是短,主词是单纯词还是复合词,都统统用"之"字连接,常常写出相当繁冗的句子。③

例如:译文第177页"于是社会民主党乃宣言曰'必以国家干涉生产事业而后聘银的劳动之组织乃可打破之,以收一切之利权置诸劳动者之掌握。'"

此外,通过文本细读还发现译者使用了标点。

例如:

译文178页使用了顿号。

译文第1页此处的关键词使用了引号表示强调,而原文并没有使用引号。

国家改造之大业乃渐完成,于是全社会之形势一变,于是于"不公平"、"不平等"、"专制"、"压抑"等皆讳言之。

又如译文第6—7页。

更有唱过激之论者,全然反抗社会之现制,举社会上之"法律"、"警察"、"议会"、"政府"等之诸机关而绝灭之。

本章重点考察了《近世社会主义》的直译、解释性翻译、补译、变译等翻译策略并举例,进行了细致的文本对比分析,研究发现译文的语言体现了

---

① 朱一凡:《翻译与现代汉语的变迁(1905—1936)》,外语教学与研究出版社2011年版,第68页。
② 朱一凡:《翻译与现代汉语的变迁(1905—1936)》,外语教学与研究出版社2011年版,第149页。
③ 朱一凡:《翻译与现代汉语的变迁(1905—1936)》,外语教学与研究出版社2011年版,第69页。

从文言向白话文过渡的特征,翻译使句法结构变得精密。

从翻译策略上看,译者采用以直译为主,多种翻译手段为辅调整思想概念和意义建构,彰显了翻译主体在思想传播中的主观操控力。通过考察翻译策略我们可以看到译者为译介这些理论所付出的努力。译作之所以没有广泛流传和影响是因为译者主要采取异化策略,没有为了使概念术语更符合本国语境而过多地进行调整。比如,在译本中大量保留了汉字译词:遗产相继制、次第、平和、本义、割合、给料、扶养料、地代、手形、味方、生产高、手数、分业、中顷、制限、六时间、多分、大势、欠点、利子、取引、上腾、配当金、电信邮便、职分、大藏省、授业科、乱杂、九割、会社、欠勤、扶助料、目下、年给、代议士、定额料、保险切手、受取账、丁年、请负组织、仲买、敏腕、时针制造、谢仪等。这些给当时的国人读者造成一些理解上的困难。译者的成功之处在于有些地方选择了补译和释译等翻译策略。

第七章　结论与启示

本章是结论和启示。资产阶级革命派人物赵必振开启了译介马克思主义的先河，尽管他们没有也不可能完成系统传播马克思主义的使命，但是为后来新民主主义时期完整、系统的马克思主义译介活动做了探路者。翻译作为重要的传播工具和手段，为马克思主义在中国的传播做出了重大贡献。1902年至1903年间这个不太显眼的事实，终究也可以说是人们在漫长的探索过程的最初阶段中跨出的小小的一步，对以后马克思主义在中国的传播，无疑起着某些开辟道路的先行作用。①

第一节　结论

从 19 世纪末期马克思主义传入中国开始，翻译便是马克思主义进入中国的必要条件和初始环节，对马克思主义在中国的传播起到了重要的作用。从马克思主义译入中国的特征和传播过程可以看出，翻译赋予马克思主义以中国的特性，推动了马克思主义中国化的进程，为马克思主义本土化奠定了基础。

《近世社会主义》首次比较全面地译介了马克思主义相关术语和马克思主义思想，早于《共产党宣言》译介 17 年。译文中原封不动地保留了日译本大量的汉字译词，使一些政治学术语从日本引入中国并通过翻译在中国传播，比如国际的劳动者同盟、无政府主义、社会民主主义、国家社会主义、基督教的社会主义、专制、参政权、平等权、政治的之革命、殖产社会、遗产相继制、共产主义、法律、警察、议会、政府、专制政体、代议政体、生产机关、财产私有制、讲坛社会主义、共和政体、乌托邦、渐进的社会党、破坏的社会党、社会主义、同盟会、宪法、国会、制造家、资本家、劳动者、自由民权、四民平等说、财产共有说、土地私有制、社会契约论、权利、法制、兼爱主义、仲买人、共同家屋制、合资会社、小制造家、自由竞争之主义、

---

① [美]伯纳尔：《一九〇七年以前的社会主义》，丘权政、符致兴译，福建人民出版社 1985 年版，序言第 10 页。

职工组合、余剩价格、使用价格、交换价格、资本、市民、同业组合、地代、代议政治、选举制、中级社会、预备政府、天赋人权、市场价格、直接选举、直接立法、税率、间接税、专卖法、铁道国有、疾病保险法、灾害保险法、手数料、扶助料、扶给料、仲裁裁判局、代议士、养老金、定额料、保险切手、受取账、利息地代利子、请负组织、八时间之劳动制、中央集权的公有主义、单税主义。随着时间的推移，有的译词原封不动地保留在汉语中，有的译词有些调整，而有的译词没有保留在汉语中。

晚清时期从翻译主体上看，资产阶级知识分子是译介马克思主义思想的主体。从翻译内容上看，早期译介马克思主义思想的内容比较零碎，仅仅集中在个别章节，还没有出现大规模对马克思主义著作全文的译介。从翻译动机上看，译者通过认同的方式诠释了思想内容。从翻译策略上看，译者采用以直译为主，多种翻译手段为辅调整思想概念和意义建构，彰显了翻译主体在思想传播中的主观操控力。译作之所以没有广泛流传和影响是因为译者主要采取异化策略，没有做过多调整而使有关的概念术语更符合本国语境。译者的成功之处在于有些地方选择了补译和释译等翻译策略，这体现了译者为译介新思想所付出的努力。

第二节　翻译的意义

翻译过程本身也是传播，是马克思主义在中国早期传播中不可忽视的重要环节。早期翻译与传播过程离不开日本的"镜像"作用。译者面对的不只是一些词，而是要由此沟通不同的文化。学术思想的译介尤其如此，译者不只是进行翻译，还必须要为自己的文化引进一种概念系统。译者的翻译对丰富民族文化和开拓视野都有不可低估的意义。因此，翻译过程也是马克思主义思想传播的过程，《近世社会主义》对各个社会主义流派针对当时现实问题的解决办法的介绍也给当时的国人提供了重要参考。从这个意义上说，翻译具有推动历史的作用。

译者自觉地承担起了一种社会使命。译者的慧眼，正是当时中国学术饥渴的一个窗口，是中国学术需求的折射。在那学问饥饿的年代，日译马克思主义著作为中国思想学术界提供了急需的精神食粮，新的世界观和方法论、新的知识与观念，大大开阔了中国人的眼界，起到了巨大的启蒙作用。

第七章 结论与启示

资产阶级革命派人物赵必振开启了译介马克思主义的先河,尽管他们没有也不可能完成系统传播马克思主义的使命,但是他成为了后来新民主主义时期完整、系统的马克思主义译介活动的探路者。[1]翻译作为重要的传播工具和手段,为马克思主义在中国的传播做出了重大贡献。

翻译向一种文化传递了异质思想,又使这种异质思想成为能够被这种文化理解的,从而丰富了这种文化本身的思考。人类历史的发展是一条相续不已的长河。包括思想领域在内的一切巨大变革,都不会在一夜之间突然降临,总是有若干先行的步骤。它最初也许只是涓滴细流,并不显眼,也不纯粹,行进中间还会有许多起伏和曲折,但这些先行步骤终究是不可缺少的。19世纪末、20世纪初人们对社会主义的初步探索和译介,对以后马克思主义在中国的传播,无疑起着某些开辟道路的先行作用。[2]

第三节 翻译文化史的启示

人类历史发展的长河中,一个民族的意识能否顺应时代潮流与时俱进,对一个民族的兴衰一直起着至关重要的作用。顺应时代发展潮流的先进民族意识,可以使一个民族从落后走向繁荣;背离时代发展潮流的落后民族意识,可以使一个民族从鼎盛走向衰落。[3]

如果一个国家实行对外开放政策,加强对外语言文化交流,就会吸收外国物质文明成果,引进国外先进科学技术,提高本国的社会生产力水平,人民的物质生活水平必定会得到提高,同时也会使国民整体意识得到优化,民族心态越来越趋向开放,海纳百川,虚心好学,善于吸收其他民族优秀的科学思想文化,振兴本民族的语言文化,使国家走向繁荣昌盛;如果一个国家实行对外封闭政策,限制对外语言文化交流,墨守成规,盲目排外,把外国先进科学技术拒之门外,使本国社会生产力长期停滞不前,人民的物质生活水平必定下降,同时也会使国民的整体意识弱化,民族心态越来越趋向保守,拒绝吸收其他民族优秀的科学思想文化,这个民族的语言文化只会愚昧落后,

---

[1] 冯志杰:《中国近代翻译史(晚清卷)》,九州出版社2011年版,序言第2页。
[2] [美]伯纳尔:《一九○七年以前的社会主义》,丘权政、符致兴译,福建人民出版社1985年版,序言第10页。
[3] 牛道生:《英语对中国的历史性影响》,北京大学出版社2013年版,第46页。

从而加速这个国家走向衰亡。①

自 19 世纪中叶以来,翻译成为中国政府走向现代化的一种特殊措施,因此翻译的题材和原著的来源,常常反映出近代中国思想界的大势以及政府政策的方向。至于各时期译书的性质和数量,也可看出译书的动机和知识界兴趣的一般趋势。

晚清是我国翻译史上的一次翻译高潮,翻译作为一种挽救民族危亡的手段发挥了举足轻重的作用。翻译的过程在一定程度上反映了中国早期现代化探索的进程。②在这一时期各种思想制度与文化生活都有激烈的改变。这反映在译事上的是学术兴趣的转变。过去数世纪以来,注重翻译自然和应用科学,晚清时期转而热衷于社会科学和人文科学的移译。这种新的趋向不仅对现代中国政治和社会的发展产生了极大的影响,也显示了中国知识分子日益了解到要解决中国的基本问题,不能全靠军事和技术的知识,还须具有现代政治、经济和社会组织的综合知识。

西学东渐在客观上促成了马克思主义哲学在中国的广泛传播,所以它构成了马克思主义哲学中国化的一个重要历史前提。翻译和出版作为重要的传播工具和手段,为马克思主义在中国的传播做出了历史性贡献。在这个过程中,马克思主义被介绍到了中国,从而使马克思主义哲学在中国的传播成为可能。这些对马克思主义的介绍,虽然不够系统也不完全准确,更没有明确区分马克思主义理论的不同组成部分和专门申述马克思主义哲学的内容,但它们毕竟使中国人初识了马克思主义,为马克思主义哲学在中国的传播做了铺垫和准备。

我们距离澄清马克思主义早期译介史的目标还很远,然而每一篇文本的发掘,每一条线索的考辨,每一种关系的理清,都能让我们向前推进一步。积跬步能至千里,借管孔可窥全局,本研究者不思高远,但求能进一小步。

相比 20 世纪之初,今天我们对马克思主义经典著作及其理论体系的认识深入了很多。一定程度上,这要归功于赵必振等前人的努力,他们是早期马克思主义经典著作翻译的探路人。没有翻译日译马克思经典著作的传入和译介,我们对马克思主义的认识会是另外的一种模样。

---

① 牛道生:《英语对中国的历史性影响》,北京大学出版社 2013 年版,第 46—47 页。
② 黄立波、朱志瑜:《晚清时期关于翻译政策的讨论》,《中国翻译》2012 年第 3 期。

参考文献

1. ［日］渡部義通、塩田庄兵衛：『日本社会主義文献解説〈明治維新から太平洋戦争まで〉』，日本图书中心 1997 年版。
2. ［日］福井准造：《近世社会主义》，有斐阁书房 1899 年版。
3. ［日］福井准造：《近世社会主义》，赵必振译，时代书店 1927 年版。
4. ［日］酒井順一郎：『明治期における近代日本語教育——宏文学院を通して』，http：//www. initiative. soken. ac. jp/journal_tokusyuu/main. htm/（2010－3－13 下载）2006 年版。
5. ［日］清水稔：『近代中国とマルクス主義との出会いについて——とくに辛亥革命前後を中心として』，『文学部論集』，2008 年第 92 期。
6. ［日］松田隆行：『福井準造の思想的原点－日清戦後の「知識人」とナショナリズム・社会主義・農業－』，『近代日本研究』，1998 年第 14 期。
7. Andre Lefevere. *Translation History Culture*. London and New York：Routledge，2003.
8. ［澳］皮姆：《翻译史研究方法》，外语教学与研究出版社 2007 年版。
9. Carol O' Sullivan（2012）. Introduction："Rethinking methods in translation history". Translation Studies（2）：131－138.
10. Christopher Rundle（2012）. "Translation as an approach to history". Translation Studies（2）：232－240.
11. ［美］韦努蒂：《译者的隐形——翻译史论》，张景华、白立平、蒋骁华等译，外语教学与研究出版社 2009 年版。
12. ［美］Martin Bernal. *Chinese Socialism to 1907*. Ithaca and London：Cornell University Press，1976.
13. ［英］贝克、萨达纳：《翻译研究百科全书》，上海外语教育出版社 2014 年版。
14. ［英］R. H. 罗宾斯：《简明语言学史》，许德宝等译，中国社会科学出版社 2004 年版。

15. [美] 伯纳尔：《一九〇七年以前的社会主义》，丘权政、符致兴译，福建人民出版社 1985 年版。

16. 陈伯海：《近四百年中国文学思潮史》，东方出版社 1997 年版。

17. 陈福康：《中国译学理论史稿》，上海外语教育出版社 1996 年版。

18. 陈力卫：《"主义"概念在中国的流行及其泛化》，《学术月刊》2012 年第 9 期。

19. 陈力卫：《19 世纪至 20 世纪的英华辞典与英和辞典的相互影响——中日近代新词往来的渠道之一》，载王宏志主编，《翻译史研究（2012）（第二辑）》，复旦大学出版社 2012 年版。

20. 丁祖豪：《20 世纪中国马克思主义哲学》，中国矿业大学出版社 2002 年版。

21. 董说平：《晚清时期日文史书在中国的翻译与传播》，北京师范大学博士论文 2004 年。

22. 杜爱贤：《谈谈佛经翻译对汉语的影响》，《世界宗教文化》2002 年第 2 期。

23. 范方俊：《"马克思主义为什么是对的"的西方语境与中国解读》，《新华文摘》2012 年第 10 期。

24. 方红、王克非：《〈共产党宣言〉在中国的早期翻译与传播》，《外国语文》2011 年第 6 期。

25. 方红、王克非：《〈共产党宣言〉中日首个全译本比较研究》，《中国翻译》2014 年第 6 期。

26. 方梦之：《翻译策略的构成与分类》，《当代外语研究》2013 年第 3 期。

27. 方仪力：《直译与意译：翻译方法、策略与元理论向度探讨》，《上海翻译》2012 年第 3 期。

28. 冯天瑜、邓新华：《中、日、西语汇互动与近代新术语形成》，《浙江社会科学》2002 年第 4 期。

29. 冯志杰：《中国近代翻译史（晚清卷）》，九州出版社 2011 年版。

30. 何九盈：《中国古代语言学史》，北京大学出版社 2006 年版。

31. 何九盈：《中国现代语言学史》，商务印书馆 2008 年版。

32. 何萍、李维武：《马克思主义中国化探讨》，人民出版社 2002 年版。

33. 贺爱军：《晚清至"五四"的译者形象变迁及其缘由探源》，《外国语》2015 年第 3 期。

34. 侯才、王伟光：《社会主义通史》（第三卷），人民出版社 2011 年版。

35. 黄爱平：《明清之际"西学中源"》，《光明日报》2013年1月28日。

36. 黄开源：《五四运动前马克思主义在中国的介绍与传播》，湖南人民出版社1986年版。

37. 黄立波、朱志瑜：《晚清时期关于翻译政策的讨论》，《中国翻译》2012年第3期。

38. 黄忠廉：《适应与选择：严复翻译思想探源》，《上海翻译》2009年第4期。

39. 黄忠廉：《严复变译的文化战略》，《光明日报》2012年10月17日。

40. 黄忠廉：《林语堂：中国文化译出的典范》，《光明日报》2013年5月13日。

41. 黄忠廉等：《翻译方法论》，中国社会科学出版社2014年版。

42. 黄忠廉、倪璐璐：《变译之删减策略研究——以严译〈天演论〉为例》，《解放军外国语学院学报》2015年第3期。

43. 贾洪伟、姜闽虹：《述往事思来者明道理——有关翻译史编写的思考》，《上海翻译》2014年第2期。

44. 姜义华：《社会主义学说在中国的初期传播》，复旦大学出版社1984年版。

45. 蒋林：《严复与梁启超关于译语之争的焦点透视》，《中国翻译》2015年第2期。

46. 金观涛、刘青峰：《观念史研究——中国现代重要政治术语的形成》，法律出版社2012年版。

47. 匡珊吉：《无政府主义在中国的传播及其破产》，《四川大学学报（哲学社会科学版）》1979年第3期。

48. 赖钦显：《马克思主义在中国一百年》，中共党史出版社1993年版。

49. 黎难秋：《中国科学翻译史》，中国科学技术大学出版社2006年版。

50. 李百玲：《从翻译看马克思主义在中国的早期传播》，《上海翻译》2009年第1期。

51. ［德］李博：《汉语中的马克思主义术语的起源与作用——从词汇-概念角度看日本和中国对马克思主义的接受》，赵倩、王草、葛平竹译，中国社会科学出版社2003年版。

52. 李坚、章军：《日本还是俄国——论马克思主义传入中国的主渠道》，《沈阳师范学院学报》（社科版）1996年第2期。

53. 李泽厚：《马克思主义在中国》，生活·读书·新知三联书店1998年版。

54. 刘家峰、刘莉：《基督教社会主义在近代中国的传播与影响》，《宗教学研究》2009年第3期。

55. 刘建云：『中国人の日本語学習史：清末の東文学堂』，学术出版会2005年版。

56. 刘军平：《西方翻译理论通史》，武汉大学出版社2009年版。

57. 梁启超：《中国近三百年学术史》，天津古籍出版社2004年版。

58. ［意］马西尼：《现代汉语词汇的形成——十九世纪汉语外来词研究》，黄河清译，汉语大词典出版社1997年版。

59. 马祖毅：《中国翻译简史——"五四"以前部分》，中国对外翻译出版公司2001年版。

60. 聂敏里：《谈谈西方哲学经典著作的翻译》，《中国社会科学报》2015年3月4日。

61. 牛道生：《英语对中国的历史性影响》，北京大学出版社2013年版。

62. 欧阳跃峰：《社会主义学说在中国的早期传播》，《广州社会主义学院学报》2004年第1期。

63. 潘喜颜：《清末历史译著研究（1901－1911）——以亚洲史传译著为中心》，复旦大学博士论文，2011年。

64. 彭继红：《传播与选择：马克思主义中国化的历程》，湖南师范大学出版社2011年版。

65. 邱少明：《民国马克思主义经典著作翻译史（1912至1949年）》，南京航空航天大学博士论文，2011年。

66. 邱少明：《建国前马克思主义经济学经典译介的脉络辨析》，《吉林工商学院学报》2012年第1期。

67. 屈文生：《从词典出发——法律术语译名的统一与规范化的翻译史研究》，上海人民出版社2013年版。

68. 申小龙：《汉语与中国文化》，复旦大学出版社2008年版。

69. 沈国威：《近代中日词汇交流研究——汉字新词的创制、容受与共享》，中华书局2010年版。

70. 沈国威：《严复与译词：科学》，载王宏志主编，《翻译史研究（2011）》（第一辑），复旦大学出版社2011年版。

71. 实藤惠秀：《中国人留学日本史》，谭汝谦、林启彦译，三联书店1983年版。

72. 石云艳：《梁启超与汉语中的日语外来词》，《广东社会科学》2007年第5期。

73. 石云艳：《略论梁启超的翻译理论与实践》，《天津社会科学》2008年第3期。

74. 唐宝林：《马克思主义在中国100年》，安徽人民出版社1997年版。

75. 田海华：《简论基督教社会主义》，《四川大学学报（哲学社会科学版）》1995年第1期。

76. 田伏隆、唐代望：《马克思学说的早期译介者赵必振》，《求索》1983年第1期。

77. 涂兵兰：《清末翻译语言的伦理抉择》，《西安外国语大学学报》2012年第4期。

78. 涂兵兰：《清末翻译文本的伦理选择》，《天津外国语大学学报》2012年第2期。

79. 涂兵兰：《从三次翻译高潮看我国译者的翻译伦理》，《外语教学》2013年第4期。

80. 涂兵兰：《清末译者与读者关系考察》，《外语学刊》2013年第2期。

81. 汪信砚：《西学东渐与马克思主义哲学中国化》，《新华文摘》2012年第21期。

82. 王秉钦：《20世纪中国翻译思想史》，南开大学出版社2004年版。

83. 王东风：《翻译文学的文化地位与译者的文化态度》，《中国翻译》2000年第4期。

84. 王东风、李宁：《译本的历史记忆：陈望道译〈共产党宣言〉解读》，《中国翻译》2012年第3期。

85. 王刚：《马克思主义中国化的起源语境研究——20世纪30年代前马克思主义在中国的传播及中国化》，华东师范大学博士论文2009年。

86. 王刚：《马克思主义中国化的起源语境研究——20世纪30年代前马克思主义在中国的传播及中国化》，人民出版社2011年版。

87. 王宏印：《中国传统译论经典诠释——从道安到傅雷》，湖北教育出版社2003年版。

88. 王宏志：《重释"信达雅"：二十世纪中国翻译研究》，东方出版中心1999年版。

89. 王力：《汉语史稿》，中华书局1980年版。

90. 王力：《中国语言学史》，山西人民出版社 1981 年版。
91. 王荣：《雅训与传承：从严氏译词看严复的语言观》，《广西社会科学》2013 年第 3 期。
92. 王健：《晚清法学新词的创制及其与日本的关系》，《南京大学学报（哲学、人文科学、社会科学版）》2005 年第 6 期。
93. 王建开：《翻译史研究的史料拓展：意义与方法》，《上海翻译》2007 年第 2 期。
94. 王克非：《从中村正直和严复的翻译看日中两国对西方思想的摄取》，《外语教学与研究》1989 年第 4 期。
95. 王克非：《汉字与日本近代翻译——日本翻译研究述评之一》，《外语教学与研究》1991 年第 4 期。
96. 王克非：《论翻译文化史研究》，《外语教学与研究》1994 年第 4 期。
97. 王克非：《翻译文化史论》，上海外语教育出版社 1997 年版。
98. 王克非：《论翻译研究之分类》，《中国翻译》1997 年第 1 期。
99. 王克非：《论翻译文化研究的基础工作》，《外国语言文学研究》2001 年第 1 期。
100. 王克非：《近代翻译对汉语的影响》，《外语教学与研究》2002 年第 6 期。
101. 王悦晨：《一场由翻译触发的社会运动：从马礼逊的圣经翻译到太平天国》，《中国翻译》2013 年第 3 期。
102. 王岫庐：《译者文化态度的多歧性及其对翻译过程的影响》，《中国翻译》2014 年第 4 期。
103. 王湛：《晚清翻译的赞助问题》，《安阳师范学院学报》2008 年第 1 期。
104. 魏义霞：《严复：西学家？中学家？》，《光明日报》2013 年 8 月 14 日。
105. 吴苌弘：《法律翻译与法律移植——以晚清法律翻译实践为例》，《上海翻译》2013 年第 4 期。
106. 吴汉全：《留学生与马克思主义在中国的传播》，《徐州师范大学学报（哲学社会科学版）》2001 年第 1 期。
107. 夏登山、邵有学：《论中国翻译思想史的研究对象与撰写方法》，《外国语》2011 年第 2 期。
108. 夏登山、邵有学：《中国翻译史上的"李约瑟之谜"》，《中国翻译》2013 年第 3 期。
109. 鲜明：《清末中国人使用的日语教材——一项语言学史考察》，中央编译出版社 2011 年版。

110. 鲜明、修刚：《晚清系统译介社会主义学说的第一部译作》，《天津外国语大学学报》2013 年第 4 期。

111. 熊月之：《西学东渐与晚清社会》，上海人民出版社 1994 年版。

112. 熊月之：《西学东渐与晚清社会》（修订版），中国人民大学出版社 2010 年版。

113. 徐觉哉：《社会主义流派史》，上海人民出版社 2007 年版。

114. 许钧：《翻译论》，湖北教育出版社 2003 年版。

115. 叶永烈：《红色的起点》，广西人民出版社 2005 年版。

116. 尹德树：《西学东渐与中国文化自觉》，《光明日报》2012 年 12 月 12 日。

117. 于幼军，黎元江：《社会主义五百年》（第 1 卷）"社会主义从空想到科学"，广东教育出版社 2011 年版。

118. 于幼军，黎元江：《社会主义五百年》（第 2 卷）《社会主义从理论到现实》，广东教育出版社 2011 年版。

119. 于幼军：《社会主义五百年》（第 3 卷）《社会主义在中国（1919－1965）》，广东教育出版社 2011 年版。

120. 张锦兰：《目的论与翻译方法》，《中国科技翻译》2004 年第 1 期。

121. 张景华：《论清末民初的译名统一及其学术意义》，《上海翻译》2014 年第 1 期。

122. 张立波：《翻译与马克思主义中国化》，《现代哲学》2007 年第 2 期。

123. 张琳：《马克思主义中国化研究的深化与拓展》，《光明日报》2013 年 5 月 15 日。

124. 张艳国：《19 世纪社会主义思潮的西来及其中文译名的拟定》，《华中师范大学学报（人文社会科学版）》1999 年第 3 期。

125. 张昭军：《近代中国文化自觉的历程》，《光明日报》2012 年 11 月 22 日。

126. 中共北京市委宣传部、中共北京市委讲师团、北京电视台：《正道沧桑：社会主义 500 年》，北京出版社 2013 年版。

127. 钟家栋、王世根：《20 世纪：马克思主义在中国》，上海人民出版社 1998 年版。

128. 朱京伟：『近代日中新語の創出と交流：人文科学と自然科学の專門語を中心に』，白帝社 2003 年版。

129. 朱京伟：《马克思主义文献的早期日译及其译词》，载冯天瑜、刘建辉、聂长顺编,《语义的文化变迁》,武汉大学出版社 2007 年版。

130. 朱京伟:《〈时务报〉(1896—98)中的日语借词——文本分析与二字词部分》,《日语学习与研究》2012 年第 3 期。

131. 朱一凡:《翻译与现代汉语的变迁(1905—1936)》,外语教学与研究出版社 2011 年版。

132. 邹振环:《影响中国近代社会的一百种译作》,江苏教育出版社 2008 年版。

133. 邹振环:《疏通知译史》,上海人民出版社 2012 年版。

附 录

附录1 《近世社会主义》的部分文本内容

绪论

法国革命是改革社会的一大原因,划除君主之尊严,打破贵族之阶级,绝灭僧侣之特权,各国效仿之。"不公平"、"不平等"、"专制"、"压抑"等都不再提到。提倡民权。"皆得享有自由平等之权利,摆脱旧来专制之习惯而求政治上自由平等之真理,以求自附于文明之诸国。所谓王者无上之权力,一切裁制之法,皆不得加之。政治的自由之声,普及于天下。四民平等,无有阶级。所谓普通选举等无数之政治难题,因之而解释。"确认人民之上之参政权,确立法律上之平等权。讴歌自由平等之欢声,是为政治的革命达到其目的的时期。

事实上,自由平等只是形同虚设,仅仅有空名而已,劳动者还仅仅是资本家隶属的一种奴隶而已,日陷于非运,而公平之自由不能助之,平等之法律不能救之,世界之富者既日增,世界之贫民亦日益,贫富悬殊的现象大大增加。

随着交通运输的便利,机械发明的进步,工业革命的兴起,手工业劳动者纷纷失业,小资本家纷纷独立经营产业,于是资本家与工人的矛盾产生。劳动者天赋人权的本性不能享受,自由平等权利有名无实。

政治的革命以政治上的不平均而引起。

一切之革命必先自文字始。① 4

废除遗产相继制 6

过激派最后的目的均一之分配。

社会改良两种方法:第一,改良劳动者之状态,以少量之劳力而收多额之结果;第二,平均富者之均配,取其收获正当之权利,而对劳动人民,以平

---

① 文后的数字是对应的页码。

其财产之不平均,而除诸般之弊害。6

先收私有土地而为国家所有,禁止资本家集个人之资本,而役使劳动者从事生产事业,财产不允许私有而实行均一分配。允许一部分财产私有制,委任于国家,而为生产机关的全部,以劳力勤勉之功果而受国家应分之报酬,是共产制度之稍温和的,是共有主义。8

讲坛社会主义,国家社会主义:凭借国家的力量改良

共和政体者,共和社会党;依赖国家之权能以改造社会者,国家社会党;唤起人类的慈善心,依据宗教的力量而实现其目的,宗教社会党;尽未来远大理想而实现乌托邦的社会党,理想的社会党;改革现今之制度,依赖人的公共心与慈善心,以舆论之力量而改革劳动社会,渐进的社会党;到了一个极端,以铁血改革社会,革命的社会党。

共同点:理想、手段、方法各异,以破坏现有制度为主张,倡导破坏主义,期望改良社会,共享平等的福利,行均一分配。

19世纪文明举行一大改革。10

第一编第一期之社会主义英法二国之社会主义

续言

社会主义者,其发生于现世纪之初(十九世纪)。

社会主义在英法两国兴起原因:人人皆于社会制度而生不满之念,资本主与劳动者之间分配不能均一,各人逞其私利私欲而不顾他人之不幸,于是公理渐起,咸欲享受社会之幸福,报不平之观念者渐多,世人亦大注意于社会的问题,是为社会主义之起点。17

社会问题之运动与事迹,其发现为最早,第一期之社会主义,英法两国独占其先声。

社会主义发达,从变迁的时期而区别分为三期:第一期为创成时期,始于法兰西革命终于1840年之革命。第二期学理的研究,社会主义进路逐开一生面。开此派之人,组织为同盟会。第三期学者主张与经世家只考案相异,社会党内部混乱。第一期社会主义之目的,第二期而开始发达,第三期养成。19

第一章英法二国之社会的状态

英法两国的社会主义为什么先于其他国家发生、成长?当时的国家弊病最多,当时的社会党员多为下层贫困的劳动者,大多目击或感受到了贫困状态,"故其社会改良之方策皆由贫民救助的之方法而现出"。20

英国1688年革命，"渐脱专政之羁绊，破封建之旧制，改压制之恶政，布宪法，开国会，以出改革弊政之途"。20 改革之步，仅止于此。政治上的权利，仍归于上级少数者之手。这些少数者都注目于一己之私利，多数贫民的状况漠不关心。其结果是，劳动者的报酬多少高低，任凭管理者而定，以各种目的禁止劳动者集合，输入的物品课以重税，贫民困顿，悲惨状况残忍的富人熟视无睹，教育之事绝不普及于庶民。养成愚众，是为政的秘诀，所以大多数的人是文盲。刑律甚重，犯人很多，社会道德颓废，下层贫民流离失所，社会不管不顾，贫富差距大。20-21

没有救济贫民的良方。多数妇女儿童服苦力，劳动于煤矿，腰缠铁锁，搬运货车，匍匐于狭小阴暗的坑道内，服苦役如牛马，6岁幼童一日劳动长达14、15小时，长鞭殴打，在最严厉的监督之下而夭折的人不计其数。雇佣童工而打扫烟囱，当时的烟囱十分狭小，让儿童匍匐在烟筒内，有不进入的就用鞭子抽打，迫使其扫除，有烧死在烟囱内的，或严重烧伤的惨痛状况，大概如此。尽管如此所得生活的报酬还养活不了自己。饥寒交迫，民不聊生，教育卫生都无从保障。到1818年，学龄儿童有一半没有受到教育。当时所称文化中心，世界富国，社会的状况不过如此。

再加上机器应用日益进步，工业界面目一新，独立的小制造家（译者注：手工而有制造货物者）已经不存在，因此不得不夺取劳动者的职业而谋生。资本家并其家内的职工，要么俯首哀怨资本家的使役，要么被饿死。资本家为谋取私利而残酷对待工人，日益加甚，工资日益减少。比如棉布制造业，无限制增加劳动时间，迫于生活，妇女儿童都参加劳动，小孩仅仅能步行时，就强迫其劳动，而且工作时间与成人等长，而且监督严密。22

各地的工厂视其为平常之事，是一种"悲惨之哀曲"。23

经济上的发达，机器的发明，"资本家"与"劳动者"之间有很深的矛盾，贫民之间日益贫困，1817年社会惨痛之状态已经达到了极点。自拿破仑连横欧洲诸国一大决战以来，战后的影响是国民经济大大扰乱，国家之前途日即于非。于是英国社会党派的洛威托拿尼献出救济之政策尽力斡旋，以经营社会组织的改良，在此时应运而生。23

英国社会党派倡导社会主义，全英国风靡自由民权运动，视法兰西更为丰富，社会党派的勃兴日益强盛，唤起了法国民众的注意，社会突然增加了一大势力，这就是社会主义的"前锋"。23

法国社会状况：布路贺王统治的余威日益松弛，社会阶级抱怨不公平不满的人都反对贵族僧侣们，提倡社会公平的人越来越多。1614年以后，国会会员结为议会，倡导自由平等，为民权党派，反抗国王贵族僧侣，占领国会势力，于是新旧两派的争斗不绝于时，内讧和党派之争时时发生。"恐怖时代"法国的纷乱达到了极点。24

"四民平等说""财产共有说"欲得国家之势力，必先得多数贱民之同情。社会主义之统系，由此而注入。25

卢梭"社会契约论"

"人生坠地以来，素有平等之权利与幸福，是天岂独私于彼少数之握强权者。夫自主自立自由及平等之大义乃社会契约之大原则。故人间但营本来之生活，以求发达之途，无敢或妨碍之者，如彼贵族与僧侣，以政府而压抑之，则必一一打破，以达其终局之目的。若因是等之目的而起者，虽反乱谋逆，尚为合法之正理。况今日现社会之组织者，以夺却人间天赋之幸福而众反称之为政府，实为百弊之源泉。现行之法律制度者，实为不法悖理而妨吾人人类之权利，则吾人本其良知良能，理必起而反抗之……彼财产之私有制实为人生困厄之根源。故社会主义之萌芽早已胚胎于法兰西人民之脑里。"26

"极端社会主义之议论最惹世人之注意，随后必然得到人们的赞同。而这种议论为运动之开始，以试实行共产主义，如诺意陆威卜，是革命时代社会主义的先驱。"27

法国社会主义目的分三种：第一，自由之普及，各人皆享有自由平等，与政治上共和的思想；第二，同胞主义的实行，各人皆去其藩篱，互相亲爱而救助，所谓理想的兼爱主义；第三，各人不限于有形无形，切望绝对的平等之境遇，平等主义，最后的目的。实为社会主义之第一著所希望而贯彻者。28

英法两国的社会主义先他国而发生。

第二章第一期革命时代法国之社会主义

法国革命是乾坤一掷的大变革，其影响不仅仅限于法国一国，而广泛波及于欧洲各国，以自由平等而代替压抑专制，而政治的平等主义虽然经过实行，而治者之施政常常失其宜。野蛮之自由而限于疏暴。28

在扰扰纷乱的革命时代，社会秩序混乱不堪，期间有一种思想，平等之理想渐次发达，而占其势力。欧洲诸国都认定此真理建设政治的自由制度，而革命者所狂望政治上的自由至是渐达其目的。29

革命者欲得政治目的大启纷争，举社会及其纷乱，每有与其不相关联之目的而为运动之开始,彼革命者企图社会之改革,当此大革命发生之时,考察研究,以企并得政治的自由和经济的平等,如卫布等,是革命时代倡导社会主义者,绝不容轻视。30

第一节 卫布及其主义

当时法国的学士论客们追想希腊罗马繁盛之时,心醉其学说者甚多,多采贺列之"自然法",以社会之平等为唯一目的。"社会之人假使有一人有多数之财产必破社会之调和。"30

他所倡导的平等主义列举了社会百弊之害,畅说其不平等的原因,凡是犯罪暴虐压制以及战争等社会的害恶,都归因于天然之大法,而期望普及平等主义,平复贫富差距,以增进共同福祉,这是平等主义实行的第一要义,即以革命为目的,消灭现时的不公平而给与个人共同的命运与幸福。31

平等的目的以共产主义为根本。平等而后自由,平等而后平和,以调和社会而改良人世。皆以一平等之主义为基。先以公有及国有之财产造一公同的之一大资产,全部废止旧行的相继制(财产继承制)。人民之死亡者,凡其私有之财产归于共有,然自今50年之后,凡财产始为共有。31

财产不为私人所有,则监督与生产方法如何处理?任命共同的生产监督与官吏,归人民投票。此官吏供给调查国家全体之需要,而计其生产额之多寡,以勉其过与不及。32

凡官吏之管理生产者,各限其方域,监督亦如之。国家之制,分之以县,县又分之以郡,中央政府统辖其县,而县又支配于郡,一郡一县劳力之不足,则需于他郡县,生产物也以其过不及而相交换,而泯灭了不公平。在丰收之年,储藏之待他年欠收时候使用。私人不得与外国通贸易,如有冒犯的,将其货物没收入关。国际间的交通,政府严密监督的,仅仅允许其举发共产主义不良之结果,则禁止。32

区别无用之劳动(文学和美术是无用劳动)和有用之劳动(渔业、航海业、机械工业、手工业、小卖业、运输业,农业特殊奖励)。32

平等主义进行而支配男女日常行动。衣服以男女年龄为等差。衣服倡导统一制。食物也是合同量的食品。豪华的食品都除去。高等教育也是无用于社会的。33

评论:发端平等的梦想,欲使社会统一模型,以讲无味单调生活之法,变化世人之乐事,勉为平坦趣味摸索之社会,达到极点了。必定反抗社会的进步,而是一种退步。33

最后失败。

第二节 额海及其主义

背景：卫布组织共产的社会于法兰西革命时代失败，而受断头台上最惨之死。法国布陆贺王朝复古之时，法兰西革命既收，倡导共产主义者渐少。这个时候提倡社会主义无异于革命时代。34

额海抱有极端共和之思想，其思想受到"乌托邦"而形成共产主义思想。

终归失败，止存残迹于美国的一小部分地方。额海倡导的共产主义，虽然以平等主义为本旨，实行的手段以友爱发达为起点，而不是卫布无策无谋。希望世界和平与人生幸福。万人皆兄弟的思想，一扫社会混乱的状况，整秩序，进道义，以期待美善共产的生活方法。36

尊敬妇女，视婚姻如神圣。男子56岁，女子50岁退休。37

然而仅仅凭借倡导友爱而改良社会不现实。

第三章 英国之社会主义洛卫托拉野

留意儿童教育，雇佣童工，与身体健康，精神修炼而陷终生于不幸。心不忍，求改良的方法，采用各种方法谋智力发达，扶养教育，终于发展成幼稚园教育的滥觞，当时没有被人所知，到了近代效果大大增加，是为诸国之教育家研究儿童教育之开始。40

更进而求得改善劳动者的状态，凡是酒店和饮食店都开得远离劳动者住宅而避免其酗酒。又教会妇女们家庭整理方法和烹调方法，谋求家庭和乐的氛围，又开设了共有的会食党，分立消费，以节俭食料的冗费。40

其他措施包括开杂货店以原价购货而卖与劳动者，为老人和小孩开设许多游乐设施，发育身体而谋求精神的娱乐。英国各所采用其方案。41

英国贫民的惨状，政府命令洛卫托拉野调查贫民增加的原因，其论定确立为三段：第一，改良人间生活之方法，各人皆享有同样之福利，除去社会之害恶；第二，改良之救济之，以尽国家当然之义务；第三，国家以慈善为基础，依其相同的生活方法及劳动者的教育等而谋求社会之改良，乃大考案此议论。41

其所谓贫困之原因，归于机械发明之结果。1200人生活，以耕以收，经营一大家，谋各自的生活，节省冗余的经费，附加开设劳动所及商店，从事其所好，谋求一己之劳动，冬天与夏天各谋不同的职业。大家屋者，劳动之家族居之。每一个家族各有自己的别室，如进餐等。数家族相会于一堂而办事，节俭开支，为小孩设立幼儿园，依托学校，谋身心发育，使得劳动者及贫民享受利益，而国家的利益由此而增进。依据其所得利益，配当于贫民之间以组织社会之幸福繁荣，免去国家对于贫民的重大负担。社会上贫民的怨气也相应减弱。42

人类分四阶级：第一贫民，第二劳动者，第三工商业者及农夫，第四富豪及贵族。"各团体所得之利润分配，于各阶级之间，以免不公平不均一等之弊。"43

欲施行此共产的方案，必先比准劳动者之功果，以配当其利润之等差，而采宽容之策。其劳力多者则与以多分，少者则配以少许，以求社会渐次之改良，进教育而养德性，励劳役而增福利。人人各安享和乐之幸福，于是共产主义乃真实行，劳动之功果，与利益之分配，全然均一。43 最终失败。

第四章复古时代之社会主义

自由平等学说斥之为邪说。

第一节沙希贺及其主义

采用奇异之手段而坏之，举行慈善改革则其发达也。彼等运动之事业感化于第十九之世界者不少，研究者可推测而知也。59

第二节列釐陆及其主义

于是弃其一己之业务而变身为仲买人（即中人也）翻译注释。62

1808年以观察动物、社会、无机、物质四者之着点，以示支配社会同一之法则之理，以改造社会启发人智。62

参照第几章节第几编

共同家屋制即社会之单位而定组织之团体，以建筑其宏大庄严之共同家屋。住此家屋者，营共同之生活，服共同之业务。69

绝对的平衡之制 70

社会改良之方策，其资本与人力，因之而浪费者益多，而谋社会之公益者甚少。共同家屋制者，所以去此无益竞争之弊，而以土地资本之功力，全然而求其有用。71

失败原因：人智发达之程度未能充分。小之个人竞争，大到国家的竞争日益加剧，终究不过是空想。74

共产组织的通弊则在知识道德未至完全，而欲强行此高尚组织之实行，此其成功之途，所以迟迟而不能竟达也。74

社会所需要万般之必要品（如奢侈品不在此例）75 注释的部分

不独外国贸易运输交通等格别紧要之事业，概行绝之。75

空想社会主义诸多思潮"不合于真正之理想，而无实行之期"。75

第五章 第二革命时代法国之社会主义

法国之第一革命，不能达其目的而失败，其反动势力变为复古主义。欧洲全土气焰极高。诸国的制度都恢复到革命以前旧制度，欧洲诸国貌似平安，都注意于生产事业，资本家、劳动者和小制造家都陆续失业，资本家和劳动者之间产生区别。资本殖产制度发达由此而起。77

而贵族僧侣之上流社会别为一团，把持多数之特权，其于此二阶级。（注释指资本家与劳动者）77

第一节 路易布拉及其主义

自由竞争之主义 81

欲改革社会先以变更政体为第一着手。必纯然设立共和政体以平分政权与一般人民。82

人于社会必有劳动之义务，又有适宜之职业与权利。所谓"劳动之权利"。82

故政府者，第一之职务，必先确立此劳动权，凡社会一切之人民，必讲与以职业之方法，而于政府监督之下，设立公立之一大工场，吸收天下之劳民，渐以扑灭私人之工场，与天下之人，以服适宜劳役之机会，于是为改革劳动之组织，乃倡导设立"社会的工场"之方法。83

于政府建设之，整理其秩序，监督其职业，以统御其劳动者，皆任政府之支配，于最初之一年间，为其劳动者选择其职业，亦以政府任命之官吏为之。劳动者之初入此工场，以何种之职业为各自之恰适，不能自择之，然执业及至一年，及职工得以各自之自由，而选择其职业，且于相互交际之间，得知人己之知识才能，则各自之间，自组长及管理者而选出，其工场则工场自己管理之，渐次而离政府之支配，政府唯立于监督者之地位，以监督之而止，此建设大工场者，必需莫大之资金，则由政府征集国民之租税，或经营矿山保险银行业等，谋其利益，以供建设工场之资本，工场之建筑既完成，则诸般之组织亦能整理其工场，每年所生之利益，为充分之给料，而给与各种之职工，其余私设之工场，则必不能成立。而来集合于此大工场之下，则富者供其资本，劳民出其劳力，此工场之职工，贫富各应其分，而受各自之报酬，然此等多数之利益，仍不许其滥费，于各自应分之报酬，则为预备金以蓄积之，以供他日之用，而其使用之割合者，以其中之二割五分，以备他日事业失败之时之用，其余之二割五分，充老人与病者及不幸者之扶养料，又其余之二割五分则借用于国库或中央银行,以供资本返济之用,其残余之二割五分则为劳动者及其余之赏与金,以巩固工场之基础之策。83－4

第二节布露度及其主义

校正宗教书而大扩神学上的智识。财产者,掠夺之物品。88

第一财产第二政府第三积极的改革。90

土地与物品绝无主张为一人一个之私有物之权,不过土地及劳力之机械等,各人皆有自由之使役而已,则所谓私有财产者必然消灭而无疑。91

归复社会的原始状态,实行共产的制度。92

无政府主义

以物换物设立国立银行

其所谓纸币者,不过仅记明劳动时间别为一种之手形。94

徒发空想的极端的议论,无人赞同其计划,采用其企图经营之方案,以奏社会改革之功,绝灭行政机关而单依伦理道德之力以维持社会之团结,而经营国家之事业,一片架空之理想而已。95

第二编第二期之社会主义

德意志之社会主义

与第一期之社会主义相比其目的更为广大,第一期之社会主义其计划往往局限于一个地方,或国家的一个部分。社会主义的实行空属梦想。而德国的社会主义其初实行的范围虽然局限于一个小地方,其性质则实属于注重于世界,故可成广大之场所,而集多数之人,勉强而实行。101

资本为抢夺之结果。102

第二章国际的劳动者同盟

然其举国之民心,热狂于敌忾,又不能倾心于生产事业,以谋劳民之改善,加之英国同业组合者,亦渐变其意向,而日远于同盟。132

翻译注释

第三章洛度卫陆他斯及其主义

其学说在马克思之上,为学理的社会主义之鼻祖。135

与马克思的思想大同小异,都反对现时的资本制度,要求国家之干涉其事业生产,以造富于劳动者,为唯一之要素,变更资本的生产制度,以匡正其分配之不均一,以土地及资本都为国有,以企未来社会之作为,然而马克思则用强力以企图社会组织之改革,而欲成党派,掀翻社会之拨乱,依赖人为的手段,以行急剧之改革。马克思为稍急进,彼为稍渐进。145

反对继承财产。

当时之选举法者,依据财产而分三阶级,初以普通之选举,继而由选举者而选举议员,更由此选举而选举代议士,为间接选举之制。156

人民皆得享有自由平等之权利,摆脱旧来专制之习惯而求政治上自由平等之真理,以求自附于文明之诸国。所谓王者无上之权力。一切裁制之法,皆不得加之,政治的自由之声,普及于天下,四民平等,无有阶级。1

关于《资本论》的译介:顺句驱动原则

英法二国之社会主义者为『空想的学理』与『儿戏的企图』,故全然失败。社会主义之第一期全时代全为空理空想之一夕话而已。99

很高的评价:实为社会经济上之学者之良师。103

价格论分为使用价格与交换价格 111

资本之成立则资本家与劳动者为分立之时 115

故资本的生产组织实为悖理不法之组织……倡导社会主义 116

对资本主义私有制度的未来结果的推论:

马克斯既说殖产社会发达之结果,依其自然之变迁,资本私有制必归全灭,而让步于国有制度,乃更进一步,推论社会组织之未来。今之所谓政府所谓国家者,皆为治者抑制被治者一种之机关。然社会进步之极,资本制度之颠覆,其政权而归人民之手,此国家必然之结果。120

剩余价值的本质:

剩余价格没收劳动者之劳动是也。122

故其算定之权利,必收于资本家一人之掌握,……于是悲惨之劳动者,仅得最低之凭银。123

"社会主义"之名词,其使用之者,实自英国始,千八百三十五年。14

英国社会主义之改良议论:

确立为三段:第一,改良人间生活之方法,各人皆享有同样之福利,除去社会之害恶,第二,改良之救济之,以尽国家当然之义务;第三,国家以慈善为基,依其同的生活之方法,及劳动者之教育等,而谋社会之改良。41

无政府主义等同与社会主义。

"排斥一切中央政府之干涉为无用,必绝灭之而后已。"非社会主义之一派。

其思想之根底实自社会主义而胚胎之,其议论之程度亦与社会主义相近。

最后之目的,亦不外打破阶级制度而匡正贫富之悬隔为宗旨。其对现组织则主极端之破坏主义。于社会之制度、文物、阶级、特权及其政府，一切皆破坏而全灭之。以达其目的。178

"无政府党者，第一则唱道言论之自由，而又唱道无限之自由。"179

其对现组织则主极端之破坏主义。178

无政府主义者，以政府独立自主之权，为屈从外部之意志，其解国家，以一定永住之土地，方为全人民之代表者，君主个人及团体，皆不能侵入他人之权内，以其主义而集合为团体，故彼等以国家及政府为侵蚀人民之权利之结果，故于社会主义，每每反对此解释，而社会主义皆不但不附和之，且欲依赖国家，或政府之手，以企图增进其自由与辛福，其怀抱如此。193

第一期之社会主义者，皆荒唐无稽之空说。第二期对社会主义所研究之学理，渐进其步。于是经济上之原理，异论叠生。"举世皆倾听于社会问题，以求社会改革之法。一派则为疏暴急激之破坏的急进党。一派则为温和著实之渐进的平和党。"177

社会民主主义分成两派：一则于生产界放任其竞争与自由，唯采其所有独占的性质，而不委之于政府之手；一则置其独占的事业置于政府之管下，凡属生产事业，必强迫之而为共同，相互之间，而泯其竞争之举动，此两派也。195

救济劳动社会的方法：减轻租税的比例。租税的原则和数量。具体来说，谷物、麦酒、咖啡、盐及茶等之租税则轻减其税率，而对富者奢侈之物品则税率极高，且全废劳动者之直接税，而课中级社会以适度之直税，又定其所得之税，依各自之职业及劳动者之所得，而减轻其税率，于地代及利息等，则对其所得而课以比较的高税，于关于何等之所得者，即以是等之租税为率，而以累进之法用之，又课其遗产相继者为相继税，其税率则取之于遗产相继者，依其血族之远近亲疏与遗产额之多寡，各异其等。且对其遗产者与相继者之血族，皆疏远之，国家不认许其遗产相继之权，而其所得之方法，若购米之取引若株式之取引等，如对投机者，而赋其过重之租税。215

公有与国有之土地：

第1，风土及财政上之理由，凡森林者，必为国有与公有。

第2，耕地之小者，不妨为其私有，至其大者，则禁止其私有。

第3，都会之土地为私有最危险。

第4，道路铁道运河等之交通必为国有，或为公共团体之所有。以其所生之利润，增加国库之收入，于交通行政，出于一途，于军事上亦大有益。

第5，石炭盐等日常之必要品，与产出之矿山亦为国有与公有。一则可保事业之安全，二则节俭莫大之经费。217—9

烟草专卖法失败，铁道国有为社会改革政策。

邮便电信事业的行政

保险法成功

保险法：

疾病保险法，以强制的法律，每年收入四千马科以下者，必须加入此保险。若被雇者之时，其义务皆其地主义所担负。然保险之手数料，可于凭银中扣除之被保险人应得正当要求之扶助料。

灾害保险法：加入保险之目的者，劳动者于雇主从事职业之间于不虑之灾害，与负伤及死亡之时，则赔偿其损害。保险局为关于保险之行政及审判等之最高府。

老者不具者之保险法：被保险人者，凡老衰之徵证者，满七十岁则受养老金。然既支受此养老金者，自其保险料之三十年内者而支出。238—241

国家社会主义："以国家之权力干涉私人之事业"，"以经济学为目的，而讲究富者分配之理，必以最高等之伦理学解释之。""依国家之权力，抑富者以扬贫者，以维持社会之调和。与经济社界之平衡，同谋公利公益，以道德之感念，加于期间，涵养其高尚克己之美性，为比邻相扶助之计，复人间之本性，与社会之本义，能致此善与此美者，为国家社会主义之最大职务。"222

国家"人间道德之指挥者，谋社会之进步，与完美之职分"。

国家者"以人类至高之教化训育与道德的所组织者"。223

各国社会党和独特的政策：

澳大利亚的社会党：

澳洲之社会政策一面实行社会主义之学说，一面则于开垦拓殖之事业，以期其速成。故其采用社会主义之政策者，其势颇胜于他国。277

瑞士的社会党：

联合会目的是瑞士劳动社会共同的利益代表。第一各团体之代议员，第二联合会之中央委员，第三事务委员，第四常任劳动书记官。代议会员每三年开会一次，其开会之时日任中央委员之决定，或有总数十分之一以上之代议员，请求于中央委员之时，则可随时而开，中央委员者以三年之年期，由代议员会选出之。336

要求普及之报酬,以增加劳动者之需要:

第一,缩短劳动时间;第二,劳动者新设一直辖之一局,为无职业之劳动者,易于求职业之地位。第三,依法律上之规定,以杜绝雇者解雇劳动者之弊;第四,凡国立者,自其国有之财本,以设立私立之保险社会,以保护无职之劳动者。其余更有几多之改正。337

意大利的社会党:

劳动会议设立的本旨在于:第一,依其职业以区别劳动者;第二,普通教育及技艺教育之普及;第三,裁定雇者与被雇者之纷扰选定仲裁委员等。一意拥护劳动者之地位,是会议的性质。意大利政府虽然想要限制社会党派的运动,而终不能灭绝之。342—343

东欧诸国的社会党:

奥匈:温和的劳民党与激进的劳民党

激进党派转变为无政府党,温和党转变为自由主义。

奥国:以马克思之说为根底,制立八时间劳动之问题,及禁止周日劳动为目的,禁止使用十四岁以下之幼童,保护妇女劳动,监督工厂的卫生,保护职工的完成。制定严密之工业条例。以公费而救济职工的灾害。346—347

俄罗斯的社会党:俄罗斯者与其余之欧洲诸国大异其趣。其余诸国之社会主义多自社会之不满而发动,其怀抱以调和社会的不平均为目的,匡正贫富之悬隔为感愈。独俄罗斯之社会问题者,其于政治上之问题,深相关联,盖以俄国特有之专制主义相激而成,以调和匡正社会之不平均与贫富之悬隔,必先平其政治上之不平等,而谋民权之伸张。352

西班牙的社会党:模仿共和国之联邦组织,为数个之分立,故中央团体之势力甚微弱,不能统御之。354

美国社会党现状和特点:美国特殊的社会现象包容数种移住民,互相做独立之党派。美国的共产团体多数带有宗教性质,信仰友爱等之福音。356—357

美国之社会劳民党者,于其总会,皆得凡人间之生活自由及幸福之权,全然确认之。政府之目的,保公民之安全,使行以上之权利,其美国共和政体之创立者,皆为吾人所确认。然其制度有对生活自由及幸福等而有不公平者,则宁破坏的现社会,使人民于以上之权利充分而施行,亦吾人之所确信。364

凡生产上之天然的原料及劳动之机关而为私有者,则其余之人民皆为经济上之奴隶,政治上之服从者。此其一大深因也。365

美国社会主义之所以发达,其系统皆自欧洲而起。368

马克思的结论:资本为强夺之结果。102

评论:学识之深远,思想之精致 103

资产阶级社会"以残忍刻薄非理非道等不伦之行为充满于其间""资本家之暴富与劳动者之困穷为社会之原则"。103

"唱道社会主义者,其统系皆自德意志之学派而发。"104

马克思"议论之根底,出无二之经典","非难当时之社会制度,以唱道革命煽动之说"。104

与恩格斯开共产同盟会,"为国际的劳动者结合同盟之端绪,以待他日社会雄飞之机,养成劳动者之势力"。105

"同盟会之势力,震动欧洲之全土。一时极其旺盛。"107

"马克思者,一代之伟人,长于文章,其议论之精致,为天下所认识,以故教授拉契者,称彼为一大经济学者,又如教授科意斯者,乃有保守的思想之人,亦称扬其才能而不错,彼之死也。可洛额西持进纪其事绩曰,彼于文明社界之内政,独具感化之功力。无论其同时代之如何人,无出彼右者。其经济学感化一般人民之程度,德意志之学者,亦无其比。彼于经济学上最精细之观察,且为确实推论家之一人。故其著《资本论》实为社会经济上之学者之良师。亦可窥见彼之一代之性行及其思想云。"108

"遵君所开拓之行路,抛吾人之生命,以发挥彼之高尚之经典。吾人敬诵于君曰,将结合全世界之劳动者,以奠君,永世无忘而此类之决议。"109

资本主义社会的三个时期:第一,手工劳动者以自己之资本,从事于各自生产的时期,是资本势力未盛的时期。第二,资本者与劳动者之间生多少之分离,资本家依据其利益,劳动者依据自己的劳银,而为生活之端。这个时期是资本将盛之时。第三期间,大工场之大资本家于工业界有无限的势力,于土地,则资本与劳动者名为保其自由,实则系于劳银之桎梏。其利益之全额,悉归资本主所有,自己仅得仅少之俸给,而有满足之状态,是为资本极盛之时。110

交换价格以人间之劳动力为其要素。

"一切之价格,量其劳力之原则而案出之,为价格算定法之大要。"112－113

"资本家利润之所得者,不出此榨取的价格之外。"113

"与专制压抑无丝毫之异。"114

"资本之成立则资本家与劳动者为分立之时。"115

"生产社会自资本发生以来,其发达之极,即造现时之资本制度与作为,而为资本万能之素因,而为资本上一大必要。"115

"资本的生产组织实为悖理不法之组织。"116

"如何变更经济社会之现制度与国有制度之手段,尚未说明。只就社会之趋势,自然绝灭其资本制度而缩私有财产之区域,以归着于国有制度。"116

"马克思既说殖产社会发达之结果,依其自然之变迁,资本私有制必归全灭,而让步于国有制度,乃更进一步,推论社会组织之未来,今之所谓政府所谓国家者,皆为治者抑制被治者一种之机关。然社会进步之极,资本制度之颠覆,共政权而归人民之手,此国家必然之结果。"120

"剩余价格,没收劳动者之劳动是也。""生产社会必要之价格。"122

"悲惨之劳动者仅得最低之凭银,乃为殖产社会之通弊。"123

"保护劳动者以进人生之幸福,弛贫富之悬隔,谋社会之调和,于生产界抑制资本家之跋扈,救济可怜之劳民,举行其他政治及经济上百般之改良,依赖国家之力,以达其目的",这就是国家社会主义的论断。206—207

社会民主主义:

分两派:

第一,于生产界放任其竞争与自由,唯采其所有独占的性质而不委之于政府之手,另一个置其独占的事业置于政府之管下,凡属生产事业,必强迫之而为共同,相互之间,而泯其竞争之举动。195

《进步与贫困》讲究租税的原则,有名的单税论,"国家公共之收入其最良之租税者,必依其适当之条项:1. 以一般财产之增殖力,则障害之度最少;2. 征集之法简易;3. 收入之确实;4. 以对社会一般之不公平而调其弊是也。其第一之条项则谓以生产之方法而课税,如征集制造贸易资本及改良事业之租税,恐其减少富者之增殖力,必宜排斥之。然今日各国之政府以是等为税源者居多,又其课税有专占权之力,其发见于各国者亦多。然其专占权,有数种之别,例如服权之特许权,为限于一时之专占权,如土地铁道等为永久之专占权。而前者之专占权若发明社会之利弊,受著作之报酬,故以特权赋予彼等,而课税其有害与不正者,又如铁道邮便电信事业等,为国家之所有,则暂措之。故课税土地之专占权者,为最适当之方法。何以故。如铁道瓦斯及其余特许的性质之诸事业,有一部专占的价格者,则其一部必用资本与劳

力之制作,而定正当之价格,而为土地之价格(即地代)。其上则一为资本,一为劳力。质而言之,以人间之力而定制出之价格是也。然此价格之课税,其率若在地代以上之上,则又恐其生产力之减少,与产业社会之衰退,故第一条之条项,必以课税土地之专占权为最适当之税则。其第二之条项则说明土地与税源适当之理,盖土地之性质不能隐蔽与揣带之,一度确定其税率,则多年不得而变,更故租税之征集颇为容易。故土地因之而得确实之收入。其第三条项,亦以租税之原则上为必要之要件。于土地赋课之租税,虽有不确定之弊,然与课税其余之动产物之租税相比较,其确实之度则不可同年而语。而最后之要件,其对社会一般的必剂于公平,故于税则之确定,为必要之条件。当时又为至难之问题,然于此点,亦必以土地课税之方法为最得其当。何以故?盖此等之租税社会享有过大特权之利益,而归人人之负担。盖土地者,为社会一般之需要,故必增加其价格。而土地价格之所以增加者,必赖社会一般之力,决非一人一个之力,故以其腾上之价格,而充租税以供国家公共之用,为最正当且公平之处置。以以上之诸推论而推测之,则选择税源者,其最适当之方法惟天下唯一之土地,而征集土地所得之地代,为国家充分之国费,而国家即以此充分之岁入,则其余几多之租税则不难概废止之云。"370—373

多数之劳民因其生产之机关与其原料不能自给而不能谋独立之生计,不得不托生于资本家,以谋一身自活之资,岂非社会组织之一大弊事乎。

如导人而置之于四面森森之太平洋中,而汝有自由平等之权利,从自己之所好,以自达于自由之陆地,吾人为救护之义务,为诱导之责任,是岂为救护诱导之道乎。呜呼。是导人以陷于死地,为残忍之最者。而社会现时之状态是殆类之。劳动者之于世,土地既归个人之所有,而生产之机关,亦不许其使用。而彼等名为自由自主之人,从自己之所好,以誓自由生计之权,是无异。掷彼等于大洋中,而空言救护与诱导,则早晚将有溺死之不幸,而今日之解释社会问题者,其救济是等不幸之人,名为救其溺死,除其困厄而终不能得其安息也。呜呼。试一侧观社会里面之真像,其悲况,谁不心寒哉。373

共合众党而唱自由贸易论

论国费之支办自土地征收租税以充之。

国家对社会的义务:约而言之,国家之职务者,以消极的而为积极的,以受动的而为他动的,故国家为贫民之谋,而讲其救济之法。或以支出之国财，而去少数私人独占利益之弊，为图其均一之必要，以收其事业于国家之手，亦非不正之举，要之当社会改革之卫，企图利国利民福之增进，匡正社会之不平均，而保其平均，以图其进步，而勉其改良，皆决之于国家权能之上，以干涉为义务，而不嫌其越权者，是卑斯马克持论也。225－226

附录 2 《共产党宣言》对各种社会主义流派的批判

《共产党宣言》对当时影响无产阶级革命运动发展的各种社会主义流派进行了深入的批判，指出了它们的实质，促进了科学社会主义思想的发展。

《共产党宣言》的发表标志着科学社会主义的诞生，在人类历史上具有划时代的意义。

对各种社会主义流派的回顾：

第一，反动的社会主义，包括封建的社会主义（19 世纪 30～40 年代的英法两国比较盛行。由于在 1830 年法国的"七月革命"和 1832 年英国的"选举法改革"中，英法两国的封建贵族再度被资产阶级击败，已经无力同资产阶级再进行争夺统治权的斗争，于是他们转而以"同情工人"的嘴脸出现，给自己的理论涂上"社会主义"色彩，站在封建贵族立场上，留恋没落的封建制度，抨击和诅咒资本主义。封建主义打着"社会主义"招牌，代表着没落封建贵族的利益。他们尽力证明工人生活状况的恶化是封建王朝被推翻的缘故，要求恢复昔日的贵族统治，断言专制政权能拯救世界，并能把社会导向社会主义。主要代表人物有英国"青年英国社"的迪斯累利、波尔斯维克，法国正统派的维尔纽夫、巴热尔蒙等人）、小资产阶级的社会主义（出现于 19 世纪上半期资本主义生产方式形成的时期。在工商业不是很发达的国家里，中世纪的城关市民和小农还能勉强生存。但随着资本主义生产方式的发展，他们形成了新的小资产阶级，这个阶级摇摆于无产阶级和资产阶级之间，而且无可避免地发生了急剧分化。其中一部分作为资产阶级社会的补充，另外一大部分则在竞争中破产，被无情地抛到无产阶级队伍中去，失去了作为一个独立阶层的地位。引起了一些资产阶级作家站在无产阶级立场上用小资产阶级和小农的尺度批判资本主义，从而产生了小资产阶级的社会主义。这种社会主义在农民人口占大多数的国家比较有市场，比如法国，主要代表人物有经济学家西斯蒙弟）、德国的或者"真正的"社会主义（19 世纪 40 年代由德国的莫斯．赫斯开启的一种社会思潮。德国当时正处于资产阶级革命的前夜，主要任务是推翻封建专制而为社会主义开辟道路。然而德国无产阶级和资产阶级的矛盾已经暴露。小资产阶级既害怕资本主义发展消灭小资产阶级，又害怕无产阶级革命从根本上消灭私有制。他们用德国的唯心主义哲学篡改法国的社会主义学说，把新的法国思想同他们旧的哲学信仰调和起来，从他们的哲学观点出发掌握法国的思想，既反对当时资产阶级革命，又反对将来的无产阶级革命，形成一套所谓"真正的"社会主义谬论，实质是为当时的德国封建专制服务。除了莫斯．赫斯，其代表人物还有格律恩、克利盖、施蒂纳等人）。

第二，保守的或资产阶级的社会主义

随着资本主义的发展，社会矛盾和罪恶日益暴露。无产阶级革命运动蓬勃发展，一些资产阶级代表人物从维护资本主义制度出发，主张对资本主义制度进行改良，试图既要消除资本主义制度不好的地方，又要永远保持资本主义制度。这部分人包括：经济学家、博爱主义者、人道主义者、劳动阶级状况改善派、慈善事业组织者、动物保护协会会员、戒酒协会发起人以及形形色色的小改良家，普鲁东是其主要代表人物。

第三，批判的空想的社会主义和共产主义

出现在 19 世纪初。主要特点是：批判矛头直接对准资本主义制度；理论上提出了经济状况是政治制度的基础，私有制产生阶级和阶级剥削等观点，并用这种观点分析历史与现状，从而在一定程度上揭露了资本主义制度的剥削本质。他们既不了解资本主义的产生、发展和灭亡的规律，也不懂得阶级斗争，更没有认识到无产阶级的历史作用；他们同情无产阶级，但是反对一切革命行动，企图靠宣传和示范的力量来为新的社会制度开辟道路；在设计未来社会蓝图时，批判的空想社会主义者从历史唯心主义出发，主观臆造出改造社会的计划，描述幻想中的未来理想社会。法国的圣西门、傅立叶以及英国的欧文是其主要代表人物。

马克思恩格斯对各种社会主义流派的批判：

对反动的社会主义的批判，对封建的社会主义的批判：马克思恩格斯对封建的社会主义者进行了辛辣的讽刺，由于完全不能理解现代历史进程而令人感到可笑。

对小资产阶级的社会主义批判：肯定了小资产阶级的社会主义者们对历史起积极作用的一面，即对资本主义某些黑暗现象和社会矛盾进行较为深刻地揭露和批判。对他们站在小资产阶级立场和角度来看待资本主义社会的一切，主张在废除资本主义生产关系后不去建立新的生产关系，而是恢复行会式的小手工业和中世纪宗法式的小农经济，鼓吹阶级调和，要求国家保护小资产阶级的观点，《宣言》进行了深入批判。小资产阶级的社会主义主张不懂得社会发展的客观规律，不是向前看，而是开历史的倒车，实质是反动和空想的。

对德国的或者"真正的"社会主义批判："真正的"社会主义直接代表一种反动的利益，即德国小资产阶级的利益。保存这个阶级，就是保存德国现存的封建制度。

对保守的或资产阶级的社会主义批判：

对于这个由资产阶级主导的世界中无产阶级产生的所有不满，如工人赤贫化、农民破产、经济危机，资产阶级社会主义者们给出的良药不是改革和革命，而是试图通过对无产阶级生活的点滴改善来麻痹和削弱其革命斗志，引诱他们放弃暴力，顺从资产阶级的统治。总之，资产阶级的社会主义实质是为了不改变资本和雇佣关系，维护资产阶级对无产阶级的剥夺与统治。

对批判的空想的社会主义和共产主义的合理评价：

指出了批判的空想社会主义和共产主义学说中的进步成分：较深入地批判了资本主义社会，提供了启发工人觉悟的宝贵材料，一些积极主张为科学社会主义提供了思想来源。批判的空想社会主义和共产主义是在资本主义经济不够发展成熟，无产阶级也不成熟，无产阶级反对资产阶级的斗争还没充分展开的时代背景下产生的。他们看不到无产阶级方面的任何历史主动性，看不到它所特有的任何政治运动，他们天真地向整个社会，主要是向统治阶级呼吁，希望人们理解并承认他们的体系是最美好的社会的最美好的计划。进一步指出，随着阶级斗争的发展，这种社会主义越来越失去实践意义和理论根据，特别是后来信徒们死守着旧观点，成为破坏无产阶级革命运动的反动宗派。

附录3 《近世社会主义》中关于社会主义学说的翻译文本

原文174：

社会は一部人民の労働を使役する現時の資本の生産制度を改革して、国家の生産組織の制度を作為するに至らん。

译文 119：

故社会者不过使役一部人民之劳动，改革现时之资本的生产制度，为国家的生产制度与作为。

原文 188：

我党は信ず、労働社会の束縛を解除するは須らく労働者自身の運動を要することを、而して労働者が其束縛解除の為めに奮闘する所以のものは、自から特権および事有権の分興に預からんが為めにあらずして万人と共に平等の権利と義務とを負担し以て階級を全滅せんとするにあり。

译文 128：

我党以解除劳动者之束缚，须自劳动者自身之运动，劳动者为解除其束缚所以有奋斗之举，以谋分与其特权及专有权，与万人共负担平等之权利与义务，以全灭阶级之组织。

原文 189：

我党は信ず、生命の源泉たる生産機関の専有に依りて労働者が資本主に隷屈するの一事、是れ即ち屈従を　　　の原因たるを。

故を以て労働者の経済的束縛を解除するは、我党畢生の目的にして、他の政治的の運動は、只此目的に付属する一の補助運動たるに過ぎず。

译文 128：

我党专有之生产机关，为生命之源泉，而劳动者隶屈于资本主义之一事，是即屈从之所由生，即社会之贫困所由生，是为招精神上之耻辱，致政治上之服从之原因。

以故解除劳动者之经济的束缚，为我党毕生之目的，其余政治的运动，只为附属此之目的，不过为运动辅助之一切。

附录 4　《近世社会主义》译介马克思主义学说的相关文本对照

对马克思主义的评价：

原文 147 页：

深遠なる学理、精密なる研究。

译文：深远之学理，精密而研究之。

第 107 页：

附　录

讲究资本之原理，依其研究之结果，成彼一代之大著述，题为《资本论》。

原文 157—8：

学理の蘊奥を探りて深く資本の原理を講究し、依りて得たる研究の結果を以て彼が一代の大著述たる「資本論」の著述をなせり

原文 192：

『生産物の全額は労働者の有たるべし』と云へる社会主義の根本的理想

译文 130：

生产物之全额亦定为劳动者所有，此为社会主义之根本的理想。

原文 159：

彼は経済学上の最も精細なる観察者にして且つ確実なる推論家の一人たり、故に其著「資本論」は社会経済上の学に志す者の為めに欠くべからざる良師なり。

译文 108：

彼于经济学上最精细之观察，且为确实推论家之一人，故其著《资本论》实为社会经济上之学者之良师。

原文 159：

而して吾人は君の永逝を記憶せんが為めに、君が開拓せる行路に遵ひ、吾人の生命を抛ちて此高尚なる経典の為めに戦はん。吾人は曾て君が絶叫せし「全世界の労働者よ来り以て結合せよ」

译文 109：

以记忆君之永逝，遵君所开拓之行路，抛吾人之生命，以发挥彼之高尚之经典，吾人敬诵于君曰将结合全世界之劳动者，以奠君永世无忘而此类之决议。

原文 175—6：

マルクスは殖産社会発達の結果、自然の変遷に依りて資本私有制は全滅に帰し、歩を国有制度に譲るべきを説けり。

今の政府と云ひ国家と云ふもの皆是れ治者が被治者を抑制する一種の機関たるに過ぎず、然れども社会進歩の極、資本制度の転覆と共に政権遂に人民の手に帰するに至らば、国家なるものは必然の結果として又其終焉を告ぐるに至らん、何となれば国家が一部人民即ち治者の代表者にあらずして、真正に人民全体の代表者となり、生産社会に於ける生存競争の苦闘

は、国家的生産の為めに其跡を絶ち、以て制すべきの階級なく、又御すべきの人民なきに至らば、国家は成立の要なきに至り、人民を支配する政府の代りに生産の方法を監督する政府を生すべく、現時の行政的組織は進んで其絶滅を企てざるも、自然に消滅するに至らんと。

译文 119—120：

马克斯既说殖产社会发达之结果，依其自然之变迁，资本私有制必归全灭，而让步于国有制度。乃更近一步，推论社会组织之未来，今之所谓政府所谓国家者，皆为治者抑制被治者一种之机关，然社会进步之极，资本制度之颠覆，共政权而归人民之手，此国家必然之结果。其告终之例如此。盖国家一部之人民，即以治者为代表，而真正为人民全体之代表者，于生产社会必为国家的生产，而绝生存竞争苦奋之迹，以制其阶级，以御其人民，国家成立之要，必支配其人民，代政府而设生产的方法之监督，现时行政的组织，必灭共迹而自然消灭。

原文 183—4：

彼が社会の改革を絶叫し、労民の改善を企図せし所以のものは、其正理たり正道たるを認識して以て公平の権利と正常の要求とを天下一般に分與せしめんとに外ならず、漫に社会問題に狂奔して人心を激発せしめ、以て社会を鼓舞するも、只一時の虚名を買ふに過ぎずして、其事業の倏忽に解散せるが如きは、社会解革者の面目として彼の採らざる所なり。

現社会を攻撃し、以て現制度に反対せんとする新社会主義の創立者が実にカールマルクス其人を推さざるべからず。

译文 125：

绝叫社会之改革，企图劳民之改善者，以认识夫正道与正理，以公平之权利为正当之要求，以分与一切之人民，非如彼狂奔于社会问题，徒激发人心以鼓舞社会，而博一时之虚名。其事业倏忽而可解散者，故彼所采社会改革者，非仅就其面目，必以学理为社会主义之根据，以攻击现社会，以反对现制度，而创立新社会主义，以唱道于天下，舍加陆马克斯其人者，其谁与归。

后 记

回顾三年的中央编译局博士后研究工作经历，最感谢的是合作导师修刚教授，是他最初对我的研究能力和治学态度给予肯定，为我打开了高层次的学术研究之门。修老师主张结合我的博士论文的优势进行选题，在百忙中抽出时间，在研究过程的每一个阶段给予详细的指导，使我受益匪浅。在老师的指导下，我获得了中国博士后科学基金面上二等资助并获得了中央编译局社科基金青年项目的资助。在论文写作过程中，部分成果以论文形式发表。

感谢开题、中期考核以及答辩时各位专家提出的宝贵意见和建议。

感谢中央编译局的各位领导和工作人员的关心和帮助。

感谢北京文化艺术有限公司编辑范继义为本书的出版付出的辛勤劳动。

感谢所有支持、关心和帮助我的人，谢谢你们。